本书系海南师范大学出版基金资助成果、海南师范大学
教育学学科建设系列成果

中等职业教育券研究

沈有禄　谯欣怡　夏　焰　著

科学出版社

北　京

内 容 简 介

　　本书以公共产品理论、效率与公平理论、教育券理论等为理论基础，对制约我国中等职业教育发展的经费投入保障方面的表现及其原因，对教育券的理论应用，对我国中等职业教育券的类型、操作流程的设计及其配套措施，都做了较详细的探索与分析，为设计中等职业教育券提供理论依据与实践参照，为将来我国更大范围内实施中等职业教育券的具体操作提供一定程度的指导与参考。

　　本书适合各高等院校教育学专业的硕士研究生、博士研究生及教师使用，也可供大量从事教育行政管理，特别是从事中等职业教育和学校管理的工作人员、从业者作研究参考。

图书在版编目（CIP）数据

中等职业教育券研究/沈有禄，谯欣怡，夏焰著.—北京：科学出版社，2016

　ISBN 978-7-03-048977-7

　Ⅰ．①中… 　Ⅱ．①沈… ②谯… ③夏… 　Ⅲ．①中等专业教育−教育制度−研究 　Ⅳ．①G719.22

　中国版本图书馆 CIP 数据核字（2016）第 140824 号

责任编辑：郭勇斌　周　爽/责任校对：王　瑞
责任印制：张　伟/封面设计：众轩企划

科 学 出 版 社 出版
北京东黄城根北街 16 号
邮政编码：100717
http://www.sciencep.com

北京教圉印刷有限公司 印刷
科学出版社发行　各地新华书店经销
*

2016 年 6 月第 一 版　　开本：720×1000　1/16
2016 年 6 月第一次印刷　　印张：11
字数：200 000

定价：65.00 元
（如有印装质量问题，我社负责调换）

前　　言

　　中等职业教育投入在我国目前各级各类教育的投入中所占比例不大，如何使有限的投入在满足基本公平配置的需求外，还能更有效率地配置，是中等职业教育投入机制中非常值得探讨的问题。教育券作为在教育领域的一种凭证制度，在发放流程上，将教育经费的拨付从原来的政府到学校，改为从政府到学生，再从学生到学校，增加了学生这一环，却赋予了学生充足的选择权；在发放对象上，兼顾了对弱势群体学生的补助，因此教育券满足了教育资源配置的效率与公平。

　　教育券从其理论的提出到世界各地的实践，彰显了其强大的生命力。作为舶来品，我国浙江省长兴县首先引入教育券制度资助当地的民办学校及职业学校，取得了良好的公平与效率的配置效果。其后，在全国各地先后兴起的教育券制度延伸到各个领域，从幼儿教育到小学教育，从小学到中学、中等职业学校及大学，从普通教育到职业教育，似乎教育券的触角已经伸向了各级各类教育。鉴于教育券的根本理念是满足学生自由择校的需要，提高教育资源的配置效率，以及对弱势群体学生的补助进而满足公平配置的效果，而目前我国中等职业教育基本上具有完全的市场竞争属性，学生可以自由择校，这为教育券在中等职业教育领域的实施提供了基本的使用前提条件，而中等职业教育近年来的各类补助补贴项目也满足了教育资源的配置公平追求，因此可以断言，中等职业教育将成为教育券制度在我国实施的理想突破口。如何更有效地在更大范围内推广中等职业教育券，是当前需要研究和探讨的重要问题。

　　本书针对我国中等职业教育的投入机制和主要问题及教育券的理论与应用问题，主要从以下几个方面进行了研究和探讨。①我国中等职业教育投入机制、存在的主要问题及其原因分析；②教育券在美国及中国的实践及其评价；③教育券：争议与价值——教育资源的配置效率与公平杠杆；④对教育券的评价及其在我国的理想向度；⑤我国实行中等职业教育券的可行性；⑥我国中等职业教育券的实践及其评价；⑦我国中等职业教育券的使命、设计、操作流程与配套措施。其中，第2章可归为中等职业教育投入及其机制创新篇，第3～5章可归为教育券实践及其评价篇，第6～8章可归为中等职业教育理论与实践篇。

本书为笔者多年研究成果的总结，并由沈有禄、谯欣怡和夏焰共同合作完成。沈有禄负责全书主要内容的撰写及统稿工作，谯欣怡参与了第2、4章的撰写工作，夏焰参与了第3章的撰写工作。此外，贾琳琳、于小淋、赵静也参与了部分资料的收集、整理与撰写工作，在此一并表示感谢。

沈有禄

2016 年 5 月

目　　录

1 绪 论

1.1 概 述

随着我国"世界工厂"地位的加强和对"中国制造"品质提升的要求，中等职业教育急需获得大力发展，尤其是在提升毕业生的培养质量方面，而现有的中等职业教育培养质量不尽如人意，对初中毕业生的吸引力不够强。但逐步免费的中等职业教育对农村学生及城市贫困家庭学生越来越具有吸引力，最终使中等职业教育的招生和在校生规模，与普通高中的招生和在校生规模相当。

2002 年 8 月，国务院发布的《国务院关于大力推进职业教育改革与发展的决定》（国发〔2002〕16 号）中明确提出："大力推进职业教育的改革与发展……坚持体制创新、制度创新和深化教育教学改革""深化职业教育办学体制改革，形成政府主导、依靠企业、充分发挥行业作用、社会力量积极参与的多元办学格局。"2005 年 10 月，国务院发布的《国务院关于大力发展职业教育的决定》（国发〔2005〕35 号）中进一步明确指出："推动公办职业学校办学体制改革与创新。公办职业学校要积极吸纳民间资本和境外资金，探索以公有制为主导、产权明晰、多种所有制并存的办学体制。""推动公办职业学校资源整合和重组，走规模化、集团化、连锁化办学的路子。"这些政策都指出了我国中等职业教育体制改革与创新的明确方向，而中等职业教育的投入机制的创新有助于建立以公有制为主导的多元化的投入办学体制。2004 年 7 月 15 日，教育部公布的《教育部关于贯彻落实全国职业教育工作会议精神进一步扩大中等职业学校招生规模的意见》中提出："各类中等学校还将采取设立专项资金、奖贷学金、发放教育券、减免学费以及鼓励社会资助等措施加大对职业教育的经费投入。"

中等职业教育必然会逐步演变成为纯公共产品，政府负担中等职业教育成本的比例也必然会越来越高，中等职业教育的公益性越来越强，中等职业教育的公共产品属性将进一步增强,甚至变成完全的纯公共产品。鉴于中等职业教育产品的纯公共产品属性,要求政府逐步为所有需求者提供免费中等职业教育服务,政府的投入可以分为生均培养成本及生活补助两种形式。鉴于中等职业教育具有近似完全市场属性,初中毕业生及需求者具有自由选择就读学校的权利,这与教育券的自由择校精神是一致的,故教育券适用于中等职业教育。

中等职业教育券是公共力量与私人力量的联合,既能配置公共教育资源,也能配置私人教育资源。在配置公共教育资源时,在保证配置公平的基础上提高效率;在配置私人教育资源时,在提高效率的基础上也兼顾公平。所以,教育券正好能起到中等职业教育资源的配置效率与公平之间平衡的杠杆作用。各地区可以根据自身的实际情况,因地制宜、适时适度地制定具体可行的操作方案为己所用,尽量使中等职业教育券在带动民间投资职业教育的同时,也兼顾对弱势群体的补偿,真正发挥中等职业教育券在对中等教育结构的调整中的资源配置引导与示范效应,促进落后地区、薄弱学校和弱势群体的发展公平与受教育公平。

全面、客观、真实地探究影响我国中等职业教育发展的经费投入机制方面的阻碍因素及其产生的原因,将有助于我们更好地把握我国中等职业教育投入的充足性与否、效率性与否、公平性与否,以及问题产生的原因。从教育券在世界范围内的实践来看,尽管公共资金资助的教育券存在一定的争议性,但是教育券作为一种杠杆能较好地在教育资源的配置效率与公平性之间达致平衡。

教育券(school voucher)可以成为促进中等职业教育投入机制创新的重要举措之一。教育券在我国许多地区已有所应用,尤其是2001年9月始于浙江省长兴县的教育券项目,拉动了社会资金对中等职业教育的投入,同时也补助了贫困学生,提高了职业教育经费的使用效率。教育券在长兴县的实行及推广,无疑对提高中等职业教育经费使用效率有着重要的启示意义。成都市在全市范围内对中等职业学生发放教育券,教育券作为一种拨款制度创新适用于存在竞争性市场的中等职业教育。对中等职业学生发放教育券不仅有利于促进中等职业教育的发展,而且能达到中等职业教育资源配置的公平与效率平衡的效果。教育部原副部长赵沁平表示，教育部也在论证这种方法在我国实行的可行性，因此以教育券的形式来改革中等职业教育投入机制，有其客观需要，是有必要深入研究的方案。如何更好地总结各地的成功经验，为我国在更大范围内实行教育券提供理论与实践参考，具有一定的理论意义与现实意义。

中等职业教育券的设计及其操作流程需要统合各个相关部门的力量，如需要财政部、教育部、公安部等部委的共同协调，而这又是牵涉到许多部门的利益，恰恰也是最难整合的部分，阻力可能也就出现在如何有效地整合各部委的利益上。设计合理、便于操作的各类中等职业教育券无疑有利于吸引社会资金对中等职业教育的投入，既是对中等职业教育投入机制的创新，也提高了中等职业教育投入的效率与公平度。

总之，对教育券的理论探索与实践的探讨将更好地为设计中等职业教育券提供理论依据与实践参考。

1.2 基本概念与理论简介

1.2.1 概念简介

1.2.1.1 中等职业教育

中等职业教育（secondary vocational education）又称为中等职业技术教育，是高中阶段实行的职业教育，一般称为高中阶段文化基础教育，这一名词中的"中等"可以理解为中等文化基础教育（教育部发展规划司，2009）。也有学者认为"中等"二字指的是中等教育培养的"中级专门人才"（陈丹辉，2001）。中等职业教育是我国职业教育的重要组成部分，担负着培养经济社会发展需要的高素质劳动和技能型人才的重任（黄济等，1982）。

中等职业教育分为中等职业学校教育和中等职业培训两方面的内容。其中，中等职业学校教育是指中等职业学校根据受教育者的身心特点和教育规律实施的学制规范、系统的学历职业教育，对合格的受教育者颁发相应的学历证书。中等职业培训是根据社会职业岗位的需要和劳动者的从业条件和意愿，对劳动者进行职业道德、技能和知识方面的教育和训练。该培训时间不长，不以获得学历资格为目的，而是以提高中等职业技术水平为方向（于小琳，2012）。

我国的中等职业教育主要由中等职业学校实施，以初中毕业生和具有初中同等学力的人员为主要招生对象，学制以三年为主（郭兵，2011）。在校学生学习高中文化知识的同时，接受职业知识和职业技能的学习、培训。中等职业学校设置的课程，一般包括专业理论、专业技能、基础知识三部分，基础知识是学习专业理论和专业技能的基础，专业技能是学生学习的重点，侧重实践教学（史国栋等，2009）。中等职业学校按培养目的不同可分为：中等专业学校（简称中专）、技工学校、职业高级中学（简称职业高中）、成人中等专业学校（简称成人中专）。

1.2.1.2　投入机制

机制一词源于希腊文，意指机器的构造与运作原理，具体指机器运转过程中各个零部件之间的联结关系及运转方式。后被移植到教育中，用以说明教育在市场经济中的运行，教育运行机制。运行机制不过是资源配置方式的具体化，也可以说，资源配置方式是运行机制的理论概括（王善迈，1996）。此外，闵维方（2002）认为，运行机制是指一定机体内各构成要素之间相互联系和作用的制约关系及其功能，一定的运行机制是在一定的体制下形成的。故教育投入机制是指在教育的投入过程中，各投入主体如政府、学校、社会企业及组织、公民等之间形成的相互联系，以及相互作用的性质、职能和运转状态，是各投入主体之间如何合理分配与配置教育资源的运行机制。

1.2.1.3　教育券

教育券又称为学券或教育凭证，是在教育领域中试行的一种代币券。它是由美国货币经济学派的代表人物，诺贝尔经济学奖获得者米尔顿·弗里德曼（Milton Friedman）首先提出，并得到英国经济学家皮科克（Peacock）与怀斯曼（Wiseman）

及美国社会学家詹克斯（Jencks）的发展的一种教育学费（补助）凭证计划（沈有禄等，2004）。1955 年，弗里德曼在他发表的《政府在教育中的作用》一文中提出，应该改变目前政府对公立学校的直接补助的教育投入方式，把原本应投入到教育中的资金经过折算以教育券的形式发给每一位学生；学生凭券可以进行自由选择，到政府认可的任何一所学校（无论是公立学校还是私立学校）就读；学校在收到教育券后，可以凭券从政府那里兑换与券值等额的教育经费（文新华等，2003）。在詹克斯看来，教育券是为社会弱势群体提供教育机会的一种方式。他强调教育券计划（本书中对教育券计划、教育券项目未做严格区分，可视为等同）的实施必须保证社会弱势群体获得高质量的教育，这使得整个计划更像是一种社会福利政策。因此人们将他提出的模式称为"社会政策"方式，教育券计划更像是一种社会福利政策（祝怀新等，2003）。

1.2.2　理论简介

1.2.2.1　公共产品理论

公共产品（public goods，也译成公共物品）是指那种不论个人是否愿意购买，都能使整个社会每一个成员获益的物品。"将该物品的效用扩展于他人的成本为零；无法排除他人参与分享"，即每个人消费这种物品不会导致别人对该物品消费的减少。公共产品与私人产品（private goods）相对，私人产品恰恰是那些可以分割、可以供不同人消费，并且他人无法获得外部收益或成本的物品（保罗·萨缪尔森等，1999）。另外，对于公共产品的定义，大卫·弗里德曼认为："将它定义成这样一种物品，它一旦被生产出来，生产者就无法决定谁来得到它。"换句话说，公共产品一旦被生产出来，生产者就无法排斥那些不为此物品付费的个人，或者排他的成本高（无限大）以至于无法实现（张军，1994）。

公共产品的生产和分配可以分离，既可以由政府生产并分配，也可以由私人（市场）生产，政府购买来分配。公共产品理论倾向于把具有公共产品属性或外部性的资产的产权归并到集体、社团、政府或国家手中，从而弥补市场缺陷，这实际上就是由政府从事公共产品的生产与分配。而弗里德曼就主张由私人生产教育（基础教育可以认为是纯公共产品），再政府购买。但是，如果纯粹由市场生产公共产品，市场本身提供的公共产品通常将低于最优数量，即市场机制分配给公共产品生产的资源常常会不足。因为，任何一个消费者消费一单位商品的机会成本总为零。这意味着，没有任何一个消费者要为他所消费的公共产品去与其他任何人竞争。此时，市场不再具有竞争性。如果消费者认识到自己消费的机会成本为零，就会尽量少支付给生产者以换取消费公共产品的权利。如果所有消费者均采取这种行为，则消费者的支付数量将不足以弥补公共产品的生产成本，结果便是低于最优数量的产出，甚至是零产出（高鸿业，2000）。由于政府生产公共产品常常会导致"免费搭车"现象，即人人都抱着投机心态，不为公共产品付费，都希望由他人来承担公共产品的费用，通常需要政府采取强行征收税收等手段获得生产公共产品所需的资金，即通常情况下公共产品还是由政府生产和分配。

公共产品的存在给市场机制带来了严重的问题：即使某种公共产品带给人们的利益大于生产的成本，私人也不愿提供这种产品，因为公共产品非排他性和非竞争性的特征，使人们在消费公共产品时存在"搭便车"动机，都想不付或少付成本就能享受公共产品。这种情况下，只好由政府出面承担此职能。但公共产品其价值如何确定？边际效用价值论便赋予无形的公共产品以主观价值，从而使社会能采用统一的货币尺度去衡量、对比公共产品的供应费用与运用效用之间的关系。公共产品理论还提出，遵循效用—费用—税收的程式，税收成为公共产品的"税收价格"，是人们享用公共产品和劳务相应付出的代价，从而将公共产品供应的成本和收费有机地联结起来。依据市场经济和公共产品理论，政府不仅要为市场经济运行提供必要的外部条件，还要在市场经济中发挥填空补充、矫正和调节作用。政府成为公共经济活动的中心，为社会提供越来越多的公共产品和劳务。教育属于公共产品，具有显著的正外部性，这就为政府提供奠定了理论根基。

教育产品一般都具有显著的外部性，中等职业教育具有较强的外部性，由于其收益有相当一部分要外溢到社会上被其他人所享用，私人（市场）不愿意提供这种产品。因为私人资本市场投资的产品一般都是收益大于成本，故在中等职业教育中存在不完全市场，需要政府介入。而中等职业教育的准公共产品属性更需要由政府提供，有"世界工厂"美誉的中国更需要为每个中国公民提供必要的最低限度的基础教育及职业机能，这既是公民的必需品，也是从"世界工厂"走向"世界创造"的中国需要为每个中国公民提供的基本公共产品。

1.2.2.2 效率与公平理论

效率与公平的问题是现代经济学的核心问题，同时也是哲学、伦理学、社会学、政治学、法学等各个学科所共同关注的一个热点问题。公平问题的实质，是如何处理社会生活中的各种利益关系；效率问题的实质，是如何实现社会资源的有效配置（程立显，2002）。

主张效率优先于公平的主要是新自由主义经济学家和强调自由竞争的货币主义经济学家，如哈耶克（Hayek）、罗宾斯（Robbins）、科斯（Coase）等。持效率优先观点的经济学家认为，自由是保证市场经济正常运行、提高资源配置效率的前提条件，因而效率与自由不可分割，效率的提高需要自由经营、自由竞争和资源的自由流动。正因如此，新自由主义经济学家一般都主张效率优先，增进公平不能以牺牲效率为代价，也不能因追求公平而限制了自由，损害效率和自由的公平是不可取的（万光侠，2000）。一般来说，一个生产力水平比较低下的国家，在促进经济起飞阶段，通过市场机制的作用而采取"效率优先，兼顾公平"的模式是明智而现实的。

主张公平优先的大都是伦理学家、社会学家和政治学家，也有一些哲学兴趣较为浓厚的、关注经济伦理问题的经济学家，如罗尔斯（Rawls）、勒纳（Lerner）、莫里斯（Mirrlees）、罗宾逊夫人（Mrs. Robinson）等。他们一般都认为，收入分配及经济状况的不公平会导致实际权利和竞争机会的不平等及人格尊严上的不平等，因而会通过损害人的工作积极性、减少人的竞争力和竞争机会而降低工作效率。当生产力比较发达，经济发展处于高涨阶段时，一般应"公平优先，兼顾效率"。因为在公平的物质基础达到一定程度，以效率为尺度的个人收入分配差距接近人们可容忍的极限时，必须突出解决社会公平问题，以维护社会的稳定，调动大多数人的积极性，促进效率的稳步提高。根据特定的经济社会发展水平的社会历史状况，也可以采取公平与效率兼顾，协调发展的模式（万光侠，2000）。

为了找到效率与公平之间的最佳结合点，一些经济学家如萨谬尔逊（Samuelson）、伯格森（Bergson）、凯恩斯（Keynes）、布坎南（Buchanan）、奥肯（Okun）等，试图找到既能保证生产机制的效率，又能防止和消除收入差距过大的途径。布坎南主张通过社会制度结构解决效率和公平不能兼得的问题（张书琛，2002）。奥肯认为，公平和效率是现代社会不可缺少的两个基本原则，在有效率的经济中增进平等（这里的平等与前述的公平未做严格意义上的区别，可以视为等同，本书余同）。如果平等与效率受到同等对待，分不出孰高孰低，在两者发生冲突时，就必须寻求调和。在有些时候，为了效率就要放弃一些平等；另一些时候，为了平等，必须牺牲一些效率。但无论哪一方作出牺牲，必得以另一方的增益为条件，或者是为了获得其他有价值的社会目的。尤其重要的是，在作出允许经济不平等的社会主张时，一定要保证经济效率得到提高。他认为社会宪章不应当总去寻求彻底解决不平等的方法，应当引导社会加重平等的分量；同时也应当依赖其所建构的民主政治行为，当特别问题出现时，选用合理的办法加以处理（阿瑟·奥肯，1988）。

效率与公平矛盾的解决在于寻找到一个支撑点和均衡点。近年来，美国经济学家弗利·科姆（Fully Combe）等提出了新公平观，也在一定程度上体现着效率和平等的均衡性。这种新公平观认为，整个社会在促进效率的基础上，应当坚持一种公平的原则。在这种状态下，每个人对自己持有的物品组合都感到满意，也就实现了公平。由此得出结论是，如果初期状态时实现的物品均等分配是完全竞争下的均衡，这种分配状态就是公平而有效率的。如果竞争不完全，就用再分配政策进行纠正。这种纠正的重点并不在于分配的结果，而在于分配的过程，即通过政策消除垄断因素，实现完全竞争。因为只有过程是完全竞争的，结果才会是公平的（夏文斌，2000）。

从历史发展来看，不管从什么角度，随着社会生产效率的提高，社会平等、公正的水平一直是呈现上升趋势的［即库兹涅茨（Kuznets）的倒U曲线］；从现实社会而言，平等竞争，机会均等，不但是提高效率的唯一有效的手段，也是达到结果平等的唯一可能的途径。实现市场机制有利于平等和社会公正，而政府的宏观调控同样是平等和机会公正不可缺少的条件（张书琛，2002）。说到底，效率与公平的矛盾与统一问题是有其必然性、阶段性及历史性的，而"平等—效率之间的权衡是取决于社会的制度结构的"（詹姆斯·M.布坎南，1988）。正如罗尔斯所认为的某种社会基本结构的安排来说，如果没有其他可改善某些人的前景而不损害另一些人的前景的再安排方式，这种安排就是有效率的。仅效率原则本身不可能成为一种正义观，人们普遍认为效率要相对于平等衡量（约翰·罗尔斯，1988），即要做到在社会制度的分配结构中实现效率与公平的对立与统一。

1.3 本书主要内容及研究方法

本书主要研究了我国中等职业教育投入及其机制存在的主要问题及其原因，教育券在美国及中国的实践及其评价，教育资源的配置效率与公平杠杆、我国中等职业教育券的使命、设计、操作流程与配套措施。主要内容简述如下。

第一，本书通过对国内中等职业教育投入及其机制的分析，发现了目前制约我国中等职业教育投入瓶颈的主要问题及其表现。包括政府的财政投入程度的问题，政府相关中等职业教育经费投入保障法律及其执行标准与力度的问题，中等职业教育经费拨款机制的问题，中等职业教育经费在内部各类项目之间分配的问题，以及我国中等职业教育经费投入机制自身的缺陷造成的种种问题。

第二，挖掘制约我国中等职业教育发展的经费投入保障背后的原因，还原事实真相。包括国家部分的公共教育财政对中等职业教育的投入总量及其分配方面的问题，以及国家部分以外的如企业捐赠、私人学费等投入方面的问题。

第三，介绍教育券的起源、类型，以及其在国内外的实施与评估情况；解释其为何适用于对政府中等职业教育投入机制的改革创新，尤其是其拨款方式的适用，以及政府以外的私人对中等职业教育的投入应用教育券的情况，列举国内外有无此类中等职业教育券或其他类似的教育券的实践。

第四，通过对国内外此类中等职业教育券项目的介绍及其评价，论证我国实行中等职业教育券的可行性及其注意事项。考虑国家将逐步实行免费中等职业教育，因此可以用弗里德曼（Milton Friedman）的思想对全国的中等职业教育的学生发放一张全国统一面值的"普通教育券"（general voucher），以全国各地中等职业教育的生均预算公用经费的平均值为第一张教育券的面值，待执行效果明显后再扩大到预算内生均事业费的面值。根据学生背景信息的不同而设计不同类型的教育券，应再设计一类补助性质的教育券，即"补助教育券"（compensory voucher）。这张"补助教育券"可以根据学生生源地及其家庭贫困的不同程度而进行差异设计，如可以设计"西部补助券""中部补助券""深度贫困补助券""普通贫困补助券"。

第五，设计合适的不同类型的中等职业教育券以解决我国中等职业教育中公共及私人部分经费投入机制的改革创新问题，吸引社会资金投入，创新中等职业教育投入机制，提高中等职业教育投入的效率与公平诉求。

本书以公共产品理论、效率与公平理论、教育券理论为基础，通过文献法、文本分析法及比较推理法，对我国中等职业教育投入及其机制存在的问题及原因进行分析，并通过对国内外教育券实践的介绍与评价，发现教育券是可以作为中等职业教育投入机制创新的一个理想突破口，通过教育券拨款方式这种制度创新，为中等职业教育的发展带来新机。本书的研究思路如图 1-1 所示。

第一，文献法。本书以"中等职业教育投入机制"为主题，在进行相应的研究设计后，主要以"中等职业教育""投入机制""机制创新""教育券"为篇名、主题、关键词等，通过中国期刊网全文数据库、中国博士学位论文全文数据库、中国优秀硕士论文全文数据库、ProQuest 学位论文全文数据库、Springer Link 数据库、中国高校人文社会科学文献中心（CASHL）、Google 等网络搜索、图书馆相关论著、年鉴、教育及社会科学类报纸杂志等获得相关的理论文献及分析的原始数据，并对收集到的文献和原始数据进行整理、分类、分析。

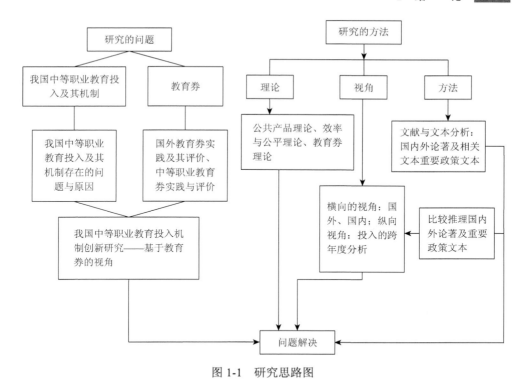

图 1-1　研究思路图

　　第二，文本分析法。通过对相关文本的系统查阅、整理、分析，了解国内外关于中等职业教育投入方面的具体政策、法律与文件等，以及国内外相关教育券政策文本、制度精神等，并在此基础上确立研究的取向与思路。

　　第三，比较推理法。本书还将选择国外教育券发生发展的情况，做事实异同、规律特点、发展态势等分析，比较国内外中等职业教育券的区别，并从国外的实践中找到有意义的启示，改进我国中等职业教育券的设计与实践。

2 我国中等职业教育投入及其机制创新

2.1 我国中等职业教育投入现状分析

2.1.1 我国中等职业教育经费投入总量及比重分析

2.1.1.1 我国中等职业教育经费投入总量

教育经费投入是指中央和地方财政部门的财政预算中实际用于教育的费用，它从侧面反映了一个国家教育体系的运行状况（钱小英等，2003）。对于中等职业教育来说，同样如此。2007 年，我国教育经费总投入为 12 148.066 3 亿元，中等职业教育经费投入为 851.798 26 亿元，仅占教育经费总投入的 7.012%；2008 年，教育经费总投入为 14 500.737 42 亿元，中等职业教育经费投入为 1049.243 51 亿元，仅占教育经费总投入的 7.236%。中等职业教育经费投入总量虽然有所增加，但所占教育经费总投入的比重并未有明显提高。

2.1.1.2 中央和地方对中等职业教育经费的投入

从表 2-1 可以看出，2007 年、2008 年我国中等职业教育经费投入方面，中央投入平均比重为 0.79%，地方平均比重为 99.21%。我国中等职业教育发展投入绝大部分来源于地方，中央投入极少。

表 2-1 2007～2008 年我国中等职业教育经费投入情况

年份	中央		地方		总计	
	数额/亿元	比重/%	数额/亿元	比重/%	数额/亿元	比重/%
2007	6.766 97	0.794 4	845.031 29	99.205 6	851.798 26	100
2008	8.332 59	0.794 2	1 040.910 92	99.205 8	1 049.243 51	100

资料来源：根据 2008～2009 年《中国教育经费统计年鉴》中原始数据计算整理

2.1.2 我国中等职业教育经费投入构成现状分析

中等职业教育经费是支撑中等职业教育不断发展、壮大的极其重要的因素，其投入多少、投入比例直接影响中等职业教育的质量和发展程度。特别是在近10年，国家财政性教育经费和学杂费是我国中等职业教育经费投入的重要组成部分（许丽平，2008）。据大量统计表明，两者占到总投入的4/5以上。如表2-2所示，2006～2008年两者比重均占到收入总构成的90%以上。

从表2-2可以看出2006年以来我国中等职业教育经费收入的来源和构成比例的整体趋势。从整体来看，国家财政性教育经费和学杂费收入在5种来源中占有最大比重，特别是国家财政性教育经费占到总构成的一半以上，经费总量呈增加趋势。

从各项收入来源看，2006～2008年，国家财政性教育经费逐年增加，平均增速为5%左右，表明国家对中等职业教育的重视程度有所增加。学杂费收入呈现下降趋势，降幅达4%。民办学校中举办者投入由2006年的5.07%直线下降到2007年的0.86%，在2008年又有所回升，但变化很小，与2007年基本持平。2006～2008年社会捐赠经费在收入构成中所占比重很小，不足1%，所占比例呈逐年降低趋势，但下降幅度很小。其他收入比重也呈下降趋势，这应该引起中等职业学校的重视，学校应该积极开展自身创收活动等，以缓解教育经费不足的现状（于小淋等，2010）。

表 2-2   2006～2008 年我国中等职业教育经费投入构成

年份	国家财政性教育经费/%	民办学校中举办者投入/%	社会捐赠经费/%	学杂费/%	其他收入/%	总计/%
2006	56.37	5.07	0.33	34.06	4.17	100
2007	60.14	0.86	0.34	34.70	3.96	100
2008	65.03	0.90	0.29	30.73	3.05	100

资料来源：根据 2007～2009 年《中国教育经费统计年鉴》中原始数据计算整理

2.1.3　我国中等职业教育经费支出情况分析

对 2009 年我国中职（以中等职业学校为例）、高职、高中生均教育经费支出情况进行比较，发现以下几个结论（沈有禄，2012）。

2.1.3.1　全国中等职业学校生均教育经费地区差异分析

表 2-3 反映了全国各地中等职业学校生均（预算内）教育经费及其各项差异的情况。

表 2-3　全国各地中等职业学校生均教育经费统计表

经费		生均教育经费/元			生均预算内教育经费/元			生均预算内教育经费占总生均教育经费比例/%		
年份		2007	2008	2009	2007	2008	2009	2007	2008	2009
中职全国/高全国数		6 245/15	7 275/16	7 998/14	3 247/16	3 940/17	4 548/15	52.00/22	54.16/21	56.86/20
中职比高职专低		4 175	4 384	3 911	777	888	863	−13.38	−12.75	−11.42
中职比普高中高		779	1 032	938	480	606	636	1.38	0.76	1.45
中等职业学校	最大五地区	沪 16 853	沪 20 385	京 22 700	琼 9 577	京 11 455	京 13 771	藏 92.01	藏 94.60	藏 89.62
		京 14 843	京 18 809	沪 21 768	沪 9 015	沪 10 097	沪 11 041	琼 78.33	青 71.21	琼 83.72
		琼 12 226	琼 11 960	浙 12 597	京 7 890	藏 9 166	琼 9 850	黑 69.04	黑 70.25	黑 80.63
		浙 10 219	浙 11 749	琼 11 766	藏 7 722	琼 6 645	藏 9 095	贵 68.39	贵 68.42	内 70.54
		津 8 622	藏 9 689	津 11 686	津 5 694	津 6 090	津 7 442	津 66.03	内 67.49	青 70.50
	最小五地区	鄂 4 038	赣 5 482	豫 5 529	赣 2 360	渝 3 063	渝 3 412	渝 45.07	浙 48.69	沪 50.72
		豫 4 033	皖 4 754	赣 5 437	湘 2 274	赣 3 003	贵 3 194	皖 44.96	渝 48.48	浙 48.75
		皖 3 977	贵 4 728	皖 5 359	陕 2 143	豫 2 817	赣 3 165	湘 43.23	皖 44.95	湘 48.18
		陕 3 944	豫 4 620	贵 4 676	皖 1 788	皖 2 137	皖 2 443	鄂 40.64	鄂 44.73	皖 45.58
		贵 3 881	鄂 4 114	鄂 4 569	鄂 1 641	鄂 1 840	鄂 2 331	苏 39.30	苏 42.43	苏 44.67
京津沪		13 907	16 639	19 283	7 712	9 410	10 980	55.45	56.55	56.94
东部		6 929	8 140	8 835	3 496	4 269	5 009	50.45	52.44	56.69
中部		4 421	5 154	5 778	2 247	2 775	3 200	50.83	53.84	55.38
西部		5 312	6 376	7 175	2 932	3 642	4 340	55.20	57.12	60.49

续表

经费		生均教育经费/元			生均预算内教育经费/元			生均预算内教育经费占总生均教育经费比例/%		
年份		2007	2008	2009	2007	2008	2009	2007	2008	2009
中等职业学校	极差	12 972	16 271	18 131	7 935	9 615	11 440			
	极差率	4.34	4.96	4.97	5.83	6.23	5.91			
	标准差	3 087	3 614	4 129	2 044	2 179	2 593			
	变异全国	0.494	0.497	0.516	0.629	0.553	0.570			
	变异京津沪	0.309	0.362	0.317	0.219	0.296	0.289			
	变异东部	0.319	0.242	0.230	0.577	0.249	0.371			
	变异中部	0.150	0.241	0.204	0.267	0.367	0.244			
	变异西部	0.298	0.238	0.235	0.509	0.470	0.391			

资料来源：根据《中国教育经费统计年鉴 2008》《中国教育经费统计年鉴 2009》《中国教育经费统计年鉴 2010》及《中国教育统计年鉴 2007》《中国教育统计年鉴 2008》《中国教育统计年鉴 2009》相关数据计算整理

注：表格中"中职全国"为中等职业学校全国平均经费，"高全国数"为各省/自治区/直辖市的生均教育经费数高于全国平均经费数的省份个数，下同

1）中职生均教育经费总量及其与高职高专和普通高中的差距分析

（1）中职生均教育经费及其与高职高专和普通高中的差距分析

由表 2-3 可知，全国中等职业学校的生均教育经费从 2007 年的 6245 元（比高职高专低 4175 元、比普通高中高 779 元）增加到 2008 年的 7275 元（比高职高专低 4384 元、比普通高中高 1032 元），再增加到 2009 年的 7998 元（比高职高专低 3911 元、比普通高中高 938 元）。中等职业学校生均教育经费与高职高专生均教育经费（低）的差距在 2007 年、2008 年逐渐扩大，2009 年又有所减小且低于 2007 年的差距水平；中等职业学校生均教育经费与普通高中生均教育经费（高）的差距在 2007 年、2008 年也呈扩大之势，2009 年有所减小但仍高于 2007 年的差距水平。中等职业学校生均教育经费高于全国平均水平的地区（省、自治区、直辖市）从 2007 年的 15 个增加到 2008 年的 16 个，再减少到 2009 年的 14 个，即近全国一半地区的生均教育经费值高于全国平均水平。

（2）中职生均预算内教育经费及其与高职高专和普通高中的差距分析

全国中等职业学校的生均预算内教育经费从 2007 年的 3247 元（比高职高专低 777 元、比普通高中高 480 元）增加到 2008 年的 3940 元（比高职高专低 888 元、比普通高中高 606 元），再增加到 2009 年的 4548 元（比高职高专低 863 元、比普通高中高 636 元）。中等职业学校生均预算内教育经费与高职高专生均预算内教育经费（低）的差距在 2007 年、2008 年逐渐扩大，2009 年有所减小但仍高于 2007 年的差距水平；中等职业学校生均预算内教育经费与普通高中生均预算内教育经费（高）的差距在这 3 年呈逐年扩大趋势。中等职业学校生均预算内教育经费高于全国平均水平的地区从 2007 年的 16 个增加到 2008 年的 17 个，再减少到 2009 年的 15 个，即全国一半的地区的生均预算内教育经费值高于全国平均水平。

（3）中职生均预算内教育经费占生均教育经费的比例及其与高职高专和普通高中的差距分析

全国中等职业学校预算内生均教育经费占生均教育经费的比例从 2007 年的 52.00%（比高职高专高 13.38%、比普通高中高 1.38%）增加到 2008 年的 54.16%（比高职高专高 12.75%、比普通高中高 0.76%），再增加到 2009 年的 56.86%（比高职高专高 11.42%、比普通高中高 1.45%），在这 3 年呈逐年增加趋势。高于全国平均水平的地区从 2007 年的 22 个减少到 2008 年的 21 个，再减少到 2009 年的 20 个，即全国 20 个以上地区的生均预算内教育经费占生均教育经费的比例要高于全国平均水平，且这一数字在这 3 年呈逐年下降趋势。

2）中职生均教育经费总量最大五地区与最小五地区分析

（1）中职生均教育经费与生均预算内教育经费及其比例的最大五地区分析

中等职业学校生均教育经费最大五地区，2007 年分别是上海 16 853 元、北京 14 843 元、海南 12 226 元、浙江 10 219 元、天津 8622 元，2008 年分别是上海 20 385 元、北京 18 809 元、海南 11 960 元、浙江 11 749 元、西藏 9689 元，2009 年分别是北京 22 700 元、上海 21 768 元、浙江 12 597 元、海南 11 766 元、天津 11 685 元，即北京、上海、浙江、海南在这 3 年均位列全国前 4 位, 天津在 2007 年、2009 年位列第 5 位, 而西藏则在 2008 年位列第 5 位。中等职业学校生均教育经费在 2009 年上 1 万元的地区共有 8 个, 除了排名最前面的五地区外, 排名第 6～8 位的分别是辽宁 11 147 元、新疆 10 791 元、西藏 10 149 元。

中等职业学校生均预算内教育经费最大五地区, 2007 年分别是海南 9577 元、上海 9015 元、北京 7890 元、西藏 7722 元、天津 5694 元, 2008 年分别是北京 11 455 元、上海 10 097 元、西藏 9166 元、海南 6645 元、天津 6090 元, 2009 年分别是北京 13 771 元、上海 11 041 元、海南 9850 元、西藏 9095 元、天津 7442 元, 即北京、上海、海南、西藏、天津在这 3 年均位列前 5 位, 天津则在 3 年均位列第 5 位, 上海则在 3 年均位列第 2 位, 北京则在 2008、2009 年均位列第 1 位, 海南则在 2007 年位列第 1 位。

中等职业学校生均预算内教育经费占生均教育经费比例最大五地区, 2007 年分别是西藏 92.01%、海南 78.33%、黑龙江 69.04%、贵州 68.39%、天津 66.03%, 2008 年分别是西藏 94.60%、青海 71.21%、黑龙江 70.25%、贵州 68.42%、内蒙古 67.49%, 2009 年分别是西藏 89.62%、海南 83.72%、黑龙江 80.63%、内蒙古 70.54%、青海 70.50%。

可见, 中等职业学校无论是生均教育经费还是生均预算内教育经费, 北京、上海、海南、浙江、天津、西藏都是全国位列最前面的地区, 且至 2009 年生均教育经费最大五地区的投入均超过 1 万元, 而生均预算教育经费最大五地区的投入均超过 7000 元。西藏、黑龙江、海南、贵州、内蒙古、青海是中等职业学校生均预算内教育经费占生均教育经费比例最大的地区。

（2）中职生均教育经费与生均预算内教育经费及其比例的最小五地区分析

中等职业学校生均教育经费最小五地区, 2007 年分别是湖北 4038 元、河南 4033 元、安徽 3977 元、陕西 3944 元、贵州 3881 元, 2008 年分别是江西 5482 元、安徽 4754 元、贵州 4728 元、河南 4620 元、湖北 4114 元, 2009 年分别是河南 5529 元、江西 5437 元、安徽 5359 元、贵州 4676 元、湖北 4569 元, 即河南、安徽、湖北、贵州在这 3 年均位列倒数 5 位, 陕西在 2007 年位列倒数第 2 位, 而江西则在 2008、2009 年位列倒数第 5 位和倒数第 4 位。

中等职业学校生均预算内教育经费最小五地区，2007 年分别是江西 2360 元、湖南 2274 元、陕西 2143 元、安徽 1788 元、湖北 1641 元，2008 年分别是重庆 3063 元、江西 3003 元、河南 2817 元、安徽 2137 元、湖北 1840 元，2009 年分别是重庆 3412 元、贵州 3194 元、江西 3165 元、安徽 2443 元、湖北 2331 元，即江西、安徽、湖北在这 3 年均位列倒数 5 位，且湖北、安徽则在 3 年均位列倒数第 5 位和倒数第 4 位，而湖南、陕西则在 2007 年位列倒数第 4 位和倒数第 3 位，重庆、河南则在 2008 年位列倒数第 5 位和倒数第 3 位，重庆、贵州则在 2009 年位列倒数第 5 位和倒数第 4 位。

中等职业学校生均预算内教育经费占生均教育经费比例最小五地区，2007 年分别是重庆 45.07%、安徽 44.96%、湖南 43.23%、湖北 40.64%、江苏 39.30%，2008 年分别是浙江 48.69%、重庆 48.48%、安徽 44.95%、湖北 44.73%、江苏 42.43%，2009 年分别是上海 50.72%、浙江 48.75%、湖南 48.18%、安徽 45.58%、江苏 44.67%，该比例在 2007 年低于 50%的地区还有四川 49.15%、广东 47.22%、新疆 46.33%、浙江 45.77%，该比例在 2008 年低于 50%的地区还有上海 49.53%。

可见，在中等职业学校生均教育经费中"中部塌陷"现象比较明显，中部河南、安徽、湖北 3 省在这 3 年总是处于全国最后 5 位。在中等职业学校生均预算内教育经费中"中部塌陷"现象也比较明显，中部江西、安徽、湖北 3 省在这 3 年总是处于全国最后 5 位，且至 2009 年中等职业学校生均教育经费最小地区湖北仅为 4569 元，而生均预算内教育经费最小地区湖北仅为 2331 元。重庆、湖南（2007 年）、上海（2009 年）、浙江、安徽、湖北、江苏是中等职业学校生均预算内教育经费占生均教育经费比例最小的地区。

3）中职生均教育经费总量的地区差异分析

（1）中职生均教育经费与生均预算内教育经费及其比例的京津沪、东部、中部、西部地区差异分析

如果把全国各地区分为京津沪地区（北京、天津、上海）、东部地区（黑龙江、

吉林、辽宁、河北、山东、江苏、浙江、福建、广东、海南）、中部地区（山西、河南、湖北、湖南、江西、安徽）、西部地区（内蒙古、宁夏、甘肃、青海、新疆、西藏、陕西、四川、重庆、云南、贵州、广西），这四类地区中等职业学校的生均教育经费的地区值在 2007 年分别是京津沪 13 907 元、东部 6929 元、中部 4421 元、西部 5312 元，2008 年分别是京津沪 16 639 元、东部 8140 元、中部 5154 元、西部 6376 元，2009 年分别是京津沪 19 283 元、东部 8835 元、中部 5778 元、西部 7175 元；中等职业学校的生均预算内教育经费的地区值在 2007 年分别是京津沪 7712 元、东部 3496 元、中部 2247 元、西部 2932 元，2008 年分别是京津沪 9410 元、东部 4269 元、中部 2775 元、西部 3642 元，2009 年分别是京津沪 10 980 元、东部 5009 元、中部 3200 元、西部 4340 元；中等职业学校的生均预算内教育经费占生均教育经费的比例的地区值在 2007 年分别是京津沪 55.45%、东部 50.45%、中部 50.83%、西部 55.20%，2008 年分别是京津沪 56.55%、东部 52.44%、中部 53.84%、西部 57.12%，2009 年分别是京津沪 56.94%、东部 56.69%、中部 55.38%、西部 60.49%。

可见，截至 2009 年，中等职业学校生均教育经费在京津沪地区比东部地区高 1 万多元，西部地区比中部地区高近 1400 元，而东部地区仅比西部地区高 1600 多元；中等职业学校生均预算内教育经费在京津沪地区比东部地区高 5000 多元，西部地区比中部地区高 1100 多元，而东部地区仅比西部地区高 600 多元；即"中部塌陷"比较明显，京津沪地区远远高于东部、中部和西部地区。截至 2009 年，中等职业学校生均预算内教育经费占生均教育经费的比例无论是京津沪地区，还是东部、中部、西部地区均超过 55%，且西部地区大于京津沪地区，京津沪地区又大于东部地区，东部地区又大于中部地区。

（2）中职生均教育经费与生均预算内教育经费的差异指标分析

全国中等职业学校生均教育经费在 2007～2009 年的极差值从 12 972 元↗16 271 元↗18 131 元（"↗"表示"增加到"，"↘"表示"下降到"，下同），这 3 年其极差率从 4.34↗4.96↗4.97，其标准差从 3087↗3614↗4129，其变异系数（反映各地区间的离差程度）从 0.494↗0.497↗0.516。中等职业学校生均教育经费的各地区间的离差程度是京津沪地区大于东部地区，东部地区又大于西部地区，西部地区又大于中部地区，且各地区间的离差程度均低于全国平均离差程度。

全国中等职业学校生均预算内教育经费在 2007～2009 年的极差值从 7935 元↗ 9615 元↗11 440 元，这 3 年其极差率从 5.83↗6.23↘5.91，其标准差从 2044↗2179↗ 2593，其变异系数从 0.629↘0.553↗0.570。中等职业学校生均预算内教育经费的各地区间的离差程度是西部地区大于东部地区，东部地区又大于京津沪地区，京津沪地区又大于中部地区，且各地区间的离差程度均低于全国平均离差程度。

可见，截至 2009 年中等职业学校生均教育经费及生均预算内教育经费的最大值与最小值地区之间的绝对差距分别达 18 131 元和 11 440 元，其最大值与最小值地区的相对差距分别达 4.97 倍和 5.91 倍；生均预算内教育经费的极差率及变异系数大于生均教育经费的极差率及变异系数；生均预算内教育经费全国各地区间的离差程度较大，至 2009 年达 0.570，全国总差异水平大于京津沪、东部、中部、西部地区的差异水平。

2.1.3.2　全国中等职业学校生均事业经费地区差异分析

表 2-4 反映了全国各地中等职业学校生均（预算内）事业经费及其各种差异的情况。

表 2-4　全国各地中等职业学校生均事业经费统计表

经费		生均事业经费/元			生均预算内事业经费/元			生均预算内事业经费占生均事业经费比例/%		
年份		2007	2008	2009	2007	2008	2009	2007	2008	2009
中职全国/高全国数		6 014/15	7 027/15	7 613/13	3 123/17	3 809/18	4 261/16	51.93/21	54.21/20	55.97/21
中职比高职高专低		3577	3997	3622	668	719	730	−12.4	−13.14	−11.55
中职比普通高中高		764	962	766	478	604	512	1.55	1.37	1.22
中等职业学校	最大五地区	沪 16 666	沪 20 301	京 22 028	沪 8 887	京 11 127	京 13 123	藏 87.80	藏 90.50	藏 86.36
		京 14 535	京 18 468	沪 21 553	京 7 603	沪 10 078	沪 10 825	黑 69.15	琼 74.09	黑 80.24
		浙 9 913	浙 11 544	浙 12 449	津 5 563	琼 6 243	津 7 422	琼 68.39	黑 69.92	琼 71.79
		津 8 459	新 9 345	津 11 610	琼 5 400	津 6 032	辽 6 766	贵 68.30	青 69.47	内 68.92
		新 8 157	津 9 018	辽 10 757	藏 4 827	浙 5 599	藏 6 673	津 65.77	贵 67.65	贵 67.46

续表

经费 / 年份	生均事业经费/元			生均预算内事业经费/元			生均预算内事业经费占生均事业经费比例/%		
	2007	2008	2009	2007	2008	2009	2007	2008	2009
中等职业学校 最小五地区	豫 3 876	赣 5 267	豫 5 249	赣 2 221	渝 3 006	渝 3 135	渝 45.13	浙 48.50	渝 49.57
	陕 3 866	皖 4 638	赣 5 163	湘 2 195	渝 2 820	贵 3 071	浙 44.82	渝 48.03	川 49.17
	鄂 3 864	贵 4 554	皖 5 030	陕 2 122	豫 2 772	赣 2 895	湘 42.88	皖 44.74	浙 48.19
	贵 3 803	豫 4 518	贵 4 552	皖 1 717	皖 2 075	皖 2 275	鄂 40.99	鄂 44.52	苏 45.24
	皖 3 788	鄂 3 996	鄂 4 470	鄂 1 584	鄂 1 779	鄂 2 236	苏 39.96	苏 43.53	皖 45.23
京津沪	13 682	16 425	18 949	7 525	9 273	10 670	55.00	56.46	56.31
东部	6 627	7 826	8 442	3 336	4 135	4 699	50.33	52.83	55.66
中部	4 255	5 024	5 452	2 169	2 697	3 044	50.97	53.68	55.82
西部	5 155	6 105	6 788	2 835	3 457	3 971	54.98	56.62	58.51
极差	12 878	16 305	17 558	7 303	9 348	10 887			
极差率	4.40	5.08	4.93	5.61	6.25	5.87			
标准差	2 892	3 549	4 066	1 611	1 992	2 314			
变异全国	0.481	0.505	0.534	0.516	0.523	0.543			
变异京津沪	0.311	0.369	0.310	0.223	0.290	0.269			
变异东部	0.226	0.199	0.228	0.286	0.245	0.239			
变异中部	0.159	0.245	0.184	0.279	0.371	0.256			
变异西部	0.245	0.216	0.189	0.289	0.261	0.288			

资料来源：根据《中国教育经费统计年鉴2008》《中国教育经费统计年鉴2009》《中国教育经费统计年鉴2010》及《中国教育统计年鉴2007》《中国教育统计年鉴2008》《中国教育统计年鉴2009》相关数据计算整理而得

1）中职生均事业经费及其与高职高专和普通高中的差距分析

（1）中职生均事业经费及其与高职高专和普通高中的差距分析

由表2-4可知，全国中等职业学校的生均事业经费从2007年的6014元（比高职高专低3577元、比普通高中高764元）增加到2008年的7027元（比高职高专低3997元、比普通高中高962元），再增加到2009年的7613元（比高职高专低3622元、比普通高中高766元）。高于全国平均水平的地区从2007年的15个保持到2008年不变，再减少到2009年的13个，即不到全国一半的地区的生均事业经费值高于全国平均水平。

（2）中职生均预算内事业经费及其与高职高专和普通高中的差距分析

全国中等职业学校的生均预算内事业经费从2007年的3123元（比高职高专低668元、比普通高中高478元）增加到2008年的3809元（比高职高专低719元、比普通高中高 604 元），再增加到 2009 年的 4261 元（比高职高专低 730 元、比普通高中高 512 元）。高于全国平均水平的地区从 2007 年的 17 个增加到 2008 年的 18 个，再减少到 2009 年的 16 个，即超过全国一半的地区的生均预算内事业经费值高于全国平均水平。

（3）中职生均预算内事业经费占生均事业经费的比例及其与高职高专和普通高中的差距分析

全国中等职业学校预算内生均事业经费占生均事业经费的比例从 2007 年的 51.93%（比高职高专高 12.40%、比普通高中高 1.55%）增加到 2008 年的 54.21%（比高职高专高 13.14%、比普通高中高 1.37%），再增加到 2009 年的 55.97%（比高职高专高 11.55%、比普通高中高 1.22%），在这 3 年呈逐年增加趋势。高于全国平均水平的地区从 2007 年的 21 个减少到 2008 年的 20 个，又升回 2009 年的 21 个，即全国 20 个以上的地区的生均预算内事业经费占生均事业经费的比例高于全国平均水平。

2）中职生均事业经费最大五地区与最小五地区分析

（1）中职生均事业经费与生均预算内事业经费及其比例的最大五地区分析

中等职业学校无论是生均事业经费还是生均预算内事业经费的投入，北京、上海、浙江、天津、新疆、西藏、海南都是全国位列最前面的地区，且至 2009 年生均教育经费最大五地区均超过 1 万元，而生均预算内事业经费最大五地区均超过 6600 元。西藏、黑龙江、海南、贵州、内蒙古、青海是中等职业学校生均预算内事业经费占生均事业经费比例最大的地区，均超过 65%。

（2）中职生均事业经费与生均预算内事业经费及其比例的最小五地区分析

在中等职业学校生均事业经费的投入中"中部塌陷"现象比较明显，中部河南、安徽、湖北 3 省在这 3 年总是处于全国最后 5 位。在中等职业学校生均预算内事业经费的投入中"中部塌陷"现象也比较明显，中部江西、安徽、湖北 3 省在这 3 年总是处于全国最后 5 位，且 2009 年中等职业学校生均事业经费最小地区湖北仅投入 4470 元，而生均预算内事业经费最小地区湖北仅投入 2236 元。重庆、浙江、湖南（2007 年）、四川（2009 年）、湖北、安徽、江苏是中等职业学校生均预算内事业经费占生均事业经费比例最小的地区。

　　3）中职生均事业经费的地区差异分析

　　（1）中职生均事业经费与生均预算内事业经费及其比例的京津沪、东部、中部、西部地区差异分析

　　截至 2009 年，中等职业学校生均事业经费在京津沪地区比东部地区高 1 万多元，西部地区比中部地区高 1300 多元，而东部地区仅比西部地区高 1600 多元；中等职业学校生均预算内事业经费在京津沪地区比东部地区高近 6000 元，西部地区比中部地区高 900 多元，而东部地区仅比西部地区高 700 多元；即"中部塌陷"比较明显，京津沪地区远远高于东部、中部和西部地区。中等职业学校生均预算内事业经费占生均事业经费的比例无论是在京津沪地区，还是在东部、中部、西部地区，均超过 55%，且西部地区大于京津沪地区，京津沪地区又大于中部地区，中部地区又大于东部地区。

　　（2）中职生均事业经费与生均预算内事业经费的差异指标分析

　　截至 2009 年，中等职业学校生均事业经费及生均预算内事业经费的最大值与最小值地区之间的绝对差距分别达 17 558 元和 10 887 元，其最大值与最小值地区的相对差距分别达 4.93 倍和 5.87 倍；生均预算内事业经费的极差率及变异系数要大于生均事业经费的极差率及变异系数；生均预算内事业经费在全国各地区间的离差程度较大，至 2009 年达 0.543，全国平均差异水平大于京津沪、东部、中部、西部地区的差异水平，且西部地区大于京津沪地区，京津沪地区又大于中部地区，中部地区又大于东部地区。

2.1.3.3　全国中等职业学校生均人员经费地区差异分析

　　表 2-5 反映了全国各地中等职业学校生均（预算内）人员经费及其各种差异的情况。

表 2-5　全国各地中等职业学校生均人员经费统计表

经费	生均人员经费/元			生均预算内人员经费/元			生均预算内人员经费占生均人员经费比例/%		
年份	2007	2008	2009	2007	2008	2009	2007	2008	2009
中职全国/高全国数	3 410/16	4 048/15	4 342/14	2 407/19	2 899/17	3 098/15	70.58/17	71.62/17	71.35/18
中职比高职高专低	868	846	780	117	−2	−2	−11.58	−12.43	−10.9
中职比普通高中高	357	526	245	270	391	176	0.58	0.41	0.03
中等职业学校 最大五地区	沪 9 233	沪 11 004	沪 13 118	沪 6 047	沪 6 795	沪 7 099	藏 93.15	藏 95.00	藏 96.61
	京 6 856	京 9 248	京 10 370	京 4 268	京 5 972	京 6 598	黑 87.75	黑 89.12	黑 93.91
	津 5 449	浙 6 556	津 7 593	藏 4 210	津 5 167	津 6 070	贵 86.70	琼 86.01	陕 85.27
	浙 5 300	津 6 444	浙 7 152	津 4 196	吉 4 218	藏 5 620	晋 85.54	晋 85.86	贵 84.56
	新 4 975	新 5 909	藏 5 817	黑 3 884	黑 4 211	黑 5 007	甘 82.82	甘 84.37	晋 84.52
最小五地区	贵 2 446	陕 3 014	豫 3 225	湘 1 837	豫 2 223	贵 2 331	京 62.25	京 64.58	京 63.63
	豫 2 270	豫 2 859	赣 3 084	豫 1 830	赣 2 160	赣 2 270	湘 61.12	粤 61.88	浙 61.21
	陕 2 216	贵 2 734	贵 2 757	陕 1 753	渝 2 059	渝 2 083	新 60.42	沪 61.75	粤 60.02
	鄂 2 178	皖 2 552	皖 2 706	皖 1 502	皖 1 758	皖 1 811	浙 60.11	浙 59.88	渝 57.99
	皖 2 170	鄂 2 411	鄂 2 666	鄂 1 421	鄂 1 575	鄂 1 797	渝 57.42	渝 57.05	沪 54.12
京津沪	7 349	9 089	10 632	4 901	6 044	6 640	66.69	66.50	62.45
东部	3 681	4 441	4 807	2 598	3 193	3 457	70.59	71.90	71.92
中部	2 463	3 034	3 234	1 787	2 226	2 394	72.56	73.39	74.02
西部	3 141	3 549	3 872	2 221	2 544	2 847	70.71	71.69	73.52
极差	7 062	8 593	10 452	4 626	5 220	5 303			
极差率	4.25	4.56	4.92	4.26	4.31	3.95			
标准差	1 493	1 843	2 235	990	1 176	1 377			
变异全国	0.438	0.455	0.515	0.411	0.406	0.445			
变异京津沪	0.260	0.253	0.260	0.214	0.135	0.078			
变异东部	0.219	0.198	0.212	0.215	0.172	0.215			
变异中部	0.170	0.249	0.196	0.244	0.339	0.260			
变异西部	0.267	0.256	0.268	0.310	0.299	0.381			

资料来源：根据《中国教育经费统计年鉴 2008》《中国教育经费统计年鉴 2009》《中国教育经费统计年鉴 2010》及《中国教育统计年鉴 2007》《中国教育统计年鉴 2008》《中国教育统计年鉴 2009》相关数据计算整理而得

1）中职生均人员经费及其与高职高专和普通高中的差距分析

（1）中职生均人员经费及其与高职高专和普通高中的差距分析

由表 2-5 可知，全国中等职业学校的生均人员经费从 2007 年的 3410 元（比高职高专低 868 元、比普通高中高 357 元）增加到 2008 年的 4048 元（比高职高专低 846 元、比普通高中高 526 元），再增加到 2009 年的 4342 元（比高职高专低 780 元、比普通高中高 245 元）。高于全国平均水平的地区从 2007 年的 16 个减少到 2008 年的 15 个，再减少到 2009 年的 14 个，即不到全国一半的地区的生均人员经费值高于全国平均水平。

（2）中职生均预算内人员经费及其与高职高专和普通高中的差距分析

全国中等职业学校的生均预算内人员经费从 2007 年的 2407 元（比高职高专低 117 元、比普通高中高 270 元）增加到 2008 年的 2899 元（比高职高专高 2 元、比普通高中高 391 元），再增加到 2009 年的 3098 元（比高职高专高 2 元、比普通高中高 176 元）。高于全国平均水平的地区从 2007 年的 19 个减少到 2008 年的 17 个，再减少到 2009 年的 15 个，即全国近一半的地区的生均预算内人员经费值高于全国平均水平。

（3）中职生均预算内人员经费占生均人员经费的比例及其与高职高专和普通高中的差距分析

全国中等职业学校生均预算内人员经费占生均人员经费的比例从 2007 年的 70.58%（比高职高专高 11.58%、比普通高中高 0.58%）增加到 2008 年的 71.62%（比高职高专高 12.43%、比普通高中高 0.41%），再减小到 2009 年的 71.35%（比高职高专高 10.90%、比普通高中高 0.03%）。高于全国平均水平的地区从 2007 年的 17 个保持到 2008 年不变，再增加到 2009 年的 18 个，即全国十七八个地区的生均预算内人员经费占生均人员经费的比例要高于全国平均水平。

2）中职生均人员经费最大五地区与最小五地区分析

（1）中职生均人员经费与生均预算内人员经费及其比例的最大五地区分析

无论是中职生均人员经费还是生均预算内人员经费的投入，上海、北京、天津、西藏在这 3 年几乎都是位列全国排名前 5 的地区，2009 年均超过 5800 元和 5000元（预算内的）。西藏、黑龙江、山西、贵州、陕西、甘肃是中等职业学校生均预算内人员经费占生均人员经费比例最大的地区，均超过 82%。

（2）中职生均人员经费与生均预算内人员经费及其比例的最小五地区分析

在中等职业学校生均人员经费的投入中，"中部塌陷"现象比较明显，中部河南、安徽、湖北 3 省及西部贵州省在这 3 年总是处于全国最后 5 位。在中等职业学校生均预算内人员经费的投入中，"中部塌陷"现象也比较明显，中部河南（2007、2008 年）、江西（2009 年）、安徽、湖北 4 省在这 3 年总是处于全国最后 5 位，且 2009 年中等职业学校生均人员经费最小地区湖北仅投入 2666 元，而生均预算内人员经费最小地区湖北仅投入 1797 元。北京、浙江、重庆、湖南（2007 年）、新疆（2007 年）、广东（2008、2009 年）、上海（2008、2009 年）是中等职业学校生均预算内人员经费占生均人员经费比例最小的地区。

3）中职生均人员经费的地区差异分析

（1）中职生均人员经费与生均预算内人员经费及其比例的京津沪、东部、中部、西部地区差异分析

截至 2009 年，中等职业学校生均人员经费在京津沪地区比东部地区高 5800 多元，西部地区比中部地区高 600 多元，而东部地区仅比西部地区高 900 多元；中等职业学校生均预算内人员经费在京津沪地区比东部地区高近 3200 元，西部地区比中部地区高 553 元，而东部地区仅比西部地区高 610 元；即"中部塌陷"比较明显，京津沪地区远远高于东部、中部和西部地区。截至 2009 年，中等职业学校生均预算内人员经费占生均人员经费的比例无论是在京津沪地区，还是在东部、中部、西部地区，均超过 62%，且中部地区大于西部地区，西部地区大于东部地区，东部地区又大于京津沪地区。

（2）中职生均人员经费与生均预算内人员经费的差异指标分析

截至 2009 年，中等职业学校生均人员经费及生均预算内人员经费的最大值与

最小值地区之间的绝对差距分别达 10 452 元和 5303 元，其最大值与最小值地区的相对差距分别达 4.92 倍和 3.95 倍；生均人员经费的极差率及变异系数要大于生均预算内人员经费的极差率及变异系数；生均人员经费在全国各地区间的离差程度较大，至 2009 年达 0.515，全国平均差异水平大于京津沪、东部、中部、西部地区的差异水平，且西部地区大于中部地区，中部地区大于东部地区，东部地区又大于京津沪地区。

2.1.3.4　全国中等职业学校生均公用经费地区差异分析

表 2-6 反映了全国各地中等职业学校生均（预算内）公用经费及其各种差异的情况。

表 2-6　全国各地中等职业学校生均公用经费统计表

经费		生均公用经费/元			生均预算内公用经费/元			生均预算内公用经费占生均公用经费比例/%		
年份		2007	2008	2009	2007	2008	2009	2007	2008	2009
中职全国/高全国数		2 604/12	2 979/11	3 271/9	716/14	910/16	1 163/16	27.51/18	30.56/21	35.55/19
中职比高职高专低		2 709	3 151	2 842	550	721	732	−3.68	−3.95	−4.55
中职比普通高中高		407	436	521	208	214	336	4.39	3.19	5.48
中等职业学校	最大五地区	京 7 679	沪 9 297	京 11 658	京 3 335	京 5 156	京 6 526	藏 63.06	藏 72.94	琼 61.73
		沪 7 434	京 9 221	沪 8 436	沪 2 840	沪 3 284	沪 3 726	琼 60.58	琼 64.27	京 55.97
		浙 4 613	浙 4 989	辽 5 313	琼 2 739	琼 2 966	辽 2 880	云 47.92	青 62.11	藏 55.14
		琼 4 522	琼 4 616	浙 5 297	津 1 367	宁 1 729	粤 2 144	津 45.41	京 55.91	辽 54.22
		粤 3 746	辽 4 118	粤 4 789	浙 1 257	青 1 718	琼 1 874	内 43.63	内 49.20	黑 52.95
	最小五地区	陕 1 650	皖 2 086	赣 2 079	陕 370	鲁 543	苏 616	鲁 17.66	鲁 18.88	鄂 24.38
		皖 1 618	贵 1 820	豫 2 024	湘 358	冀 462	湘 599	湘 16.95	湘 17.06	湘 22.17
		豫 1 606	豫 1 659	藏 1 909	赣 334	湘 371	冀 514	皖 13.26	苏 15.70	鲁 21.87
		贵 1 357	鄂 1 586	鄂 1 804	皖 215	皖 317	皖 464	苏 12.95	皖 15.21	皖 19.97
		藏 978	藏 1 122	贵 1 795	鄂 163	鄂 204	鄂 440	鄂 9.65	鄂 12.88	苏 17.85

续表

经费		生均公用经费/元			生均预算内公用经费/元			生均预算内公用经费占生均公用经费比例/%		
年份		2007	2008	2009	2007	2008	2009	2007	2008	2009
中等职业学校	京津沪	6 333	7 336	8 317	2 624	3 230	4 031	41.44	44.03	48.46
	东部	2 945	3 386	3 632	737	942	1 242	25.04	27.82	34.19
	中部	1 792	1 991	2 218	382	471	650	21.32	23.64	29.30
	西部	2 014	2 557	2 915	614	913	1 124	30.46	35.72	38.56
	极差	6 700	8 175	9 863	3 173	4 951	6 086			
	极差率	7.85	8.29	6.49	20.51	25.23	14.83			
	标准差	1 533	1 826	2 010	760	1 001	1178			
	变异全国	0.589	0.613	0.614	1.062	1.100	1.013			
	变异京津沪	0.415	0.526	0.461	0.390	0.666	0.642			
	变异东部	0.322	0.265	0.313	0.937	0.803	0.607			
	变异中部	0.146	0.271	0.186	0.499	0.600	0.284			
	变异西部	0.321	0.262	0.199	0.437	0.393	0.231			

资料来源:根据《中国教育经费统计年鉴 2008》《中国教育经费统计年鉴 2009》《中国教育经费统计年鉴 2010》及《中国教育统计年鉴 2007》《中国教育统计年鉴 2008》《中国教育统计年鉴 2009》相关数据计算整理而得

1)中职生均公用经费及其与高职高专和普通高中的差距分析

(1)中职生均公用经费及其与高职高专和普通高中的差距分析

由表 2-6 可知,全国中等职业学校的生均公用经费从 2007 年的 2604 元(比高职高专低 2709 元、比普通高中高 407 元)增加到 2008 年的 2979 元(比高职高专低 3151 元、比普通高中高 436 元),再增加到 2009 年的 3271 元(比高职高专低 2842 元、比普通高中高 521 元)。高于全国平均水平的地区从 2007 年的 12 个减少到 2008 年的 11 个,再减少到 2009 年的 9 个,即全国近 10 个地区的生均公用经费值高于全国平均水平。

(2)中职生均预算内公用经费及其与高职高专和普通高中的差距分析

全国中等职业学校的生均预算内公用经费从 2007 年的 716 元(比高职高专低 550 元、比普通高中高 208 元)增加到 2008 年的 910 元(比高职高专低 721 元、比普通高中高 214 元),再增加到 2009 年的 1163 元(比高职高专低 7322 元、比普通高中高 336 元)。高于全国平均水平的地区从 2007 年的 14 个增加到 2008 年的 16 个,2009

年维持不变，即全国近一半的地区的生均预算内公用经费值高于全国平均水平。

（3）中职生均预算内公用经费占生均公用经费的比例及其与高职高专和普通高中的差距分析

全国中等职业学校生均预算内公用经费占生均公用经费的比例从 2007 年的27.51%（比高职高专高 3.68%、比普通高中高 4.39%）增加到 2008 年的 30.56%（比高职高专高 3.95%、比普通高中高 3.19%），再增加到 2009 年的 35.55%（比高职高专高 4.55%、比普通高中高 5.48%）。高于全国平均水平的地区从 2007 年的18 个增加到 2008 年的 21 个，再减少到 2009 年的 19 个，即全国近 20 个地区的生均预算内公用经费占生均公用经费的比例高于全国平均水平。

2）中职生均公用经费最大五地区与最小五地区分析

（1）中职生均公用经费与生均预算内公用经费及其比例的最大五地区分析

无论是生均公用经费还是生均预算内公用经费，北京、上海、浙江、海南、广东在这 3 年几乎都是投入量位列最前面的地区，2009 年均超过 4789 元和 1874元（预算内的）。西藏、海南、内蒙古、北京、辽宁、黑龙江是中等职业学校生均预算内公用经费占生均公用经费比例最大的地区，均超过 52.95%。

（2）中职生均公用经费与生均预算内公用经费及其比例的最小五地区分析

在中等职业学校生均公用经费的投入中，"中部塌陷"现象比较明显，中部河南、安徽、湖北 3 省及西部贵州省在这 3 年几乎总是处于全国最后 5 位。在中等职业学校生均预算内公用经费的投入中，"中部塌陷"现象也比较明显，中部河南、安徽、湖北、湖南在这 3 年几乎总是处于全国最后 5 位，且 2009 年中等职业学校生均公用经费最小地区贵州仅投入 1795 元，而生均预算内公用经费最小地区湖北仅投入 440 元。山东、湖南、安徽、江苏、湖北在这 3 年始终是中等职业学校生均预算内公用经费占生均公用经费比例最小的地区。

3）中职生均公用经费的地区差异分析

（1）中职生均公用经费与生均预算内公用经费及其比例的京津沪、东部、中部、西部地区差异分析截至 2009 年，中等职业学校生均公用经费在京津沪地区比东部地区高 4685 元，西部地区比中部地区高 697 元，而东部地区仅比西部地区高 717 元；中等职业学校生均预算内公用经费在京津沪地区比东部地区高 2789 元，西部地区比中部地区高 474 元，而东部地区仅比西部地区高 118 元；即"中部塌陷"比较明显，京津沪地区远远高于东部、中部和西部地区。中等职业学校生均预算内公用经费占生均公用经费的比例无论是在京津沪地区，还是在东部、中部、西部地区，均超过 29%，且京津沪地区大于西部地区，西部地区大于东部地区，东部地区又大于中部地区。

（2）中职生均公用经费与生均预算内公用经费的差异指标分析

截至 2009 年，中等职业学校生均公用经费及生均预算内公用经费的最大值与最小值地区之间的绝对差距分别达 9863 元和 6086 元，其最大值与最小值地区的相对差距分别达 6.49 倍和 14.83 倍；生均预算内公用经费的极差率及变异系数要大于生均公用经费的极差率及变异系数；生均预算内公用经费在全国各地区间的离差程度较大，至 2009 年达 1.013，全国平均差异水平大于京津沪、东部、中部、西部地区的差异水平，且京津沪地区大于东部地区，东部地区大于中部地区，中部地区又大于西部地区。

2.1.3.5 全国中等职业学校生均基建经费地区差异分析

表 2-7 反映了全国各地中等职业学校生均（预算内）基建经费及其各种差异的情况。

表 2-7 全国各地中等职业学校生均基建经费统计表

经费	生均基建经费/元			生均预算内基建经费/元			生均预算内基建经费占生均基建经费比例/%		
年份	2007	2008	2009	2007	2008	2009	2007	2008	2009
中职全国/高全国数	231.6/12	248.2/9	374.8/11	124.7/13	130.3/11	286.5/11	53.85/17	52.51/21	76.46/23
中职比高职高专低	598	387.3	298.9	108.9	169.4	133.3	−25.69	−5.35	−14.15
中职比普通高中高	15.5	69.9	161.7	3.0	0.5	123.6	−2.47	−20.29	0.02

续表

经费		生均基建经费/元			生均预算内基建经费/元			生均预算内基建经费占生均基建经费比例/%		
年份		2007	2008	2009	2007	2008	2009	2007	2008	2009
中等职业学校	最大五地区	吉 4 329.0	冀 4 185.8	吉 5 083.7	吉 4 176.1	藏 4 185.8	琼 5 052.8	藏 100.00	藏 100.00	沪 100.00
		冀 2 894.6	吉 3 533.9	冀 2 422.2	冀 2 894.6	宁 646.1	藏 2 422.2	甘 99.82	宁 100.00	藏 100.00
		津 461.6	鄂 883.9	鲁 1 463.9	鲁 320.3	陕 440.1	青 1 463.9	青 97.84	青 98.61	青 100.00
		苏 449.3	云 693.1	苏 1 071.6	津 291.0	青 418.2	新 1 023.6	青 96.47	京 96.56	宁 100.00
		粤 430.7	皖 646.1	新 869.5	琼 287.0	琼 401.4	宁 755.9	京 93.26	冀 95.46	辽 99.74
	最小五地区	黑 84.1	渝 102.5	赣 123.9	陕 43.2	豫 44.9	晋 105.8	粤 33.70	苏 30.01	闽 50.80
		鄂 78.4	藏 84.4	甘 99.2	浙 41.2	冀 40.8	冀 96.4	鄂 33.07	津 25.22	豫 44.80
		赣 78.1	晋 59.7	辽 97.6	晋 36.9	吉 27.6	鄂 94.6	晋 29.19	沪 21.81	苏 36.72
		闽 73.7	辽 42.7	京 76.0	闽 32.0	沪 18.4	鲁 41.0	苏 28.15	吉 17.19	湘 26.86
		浙 48.3	沪 34.2	沪 47.8	鄂 20.5	鲁 11.8	津 19.6	陕 26.10	琼 11.36	津 25.75
	京津沪	224.6	213.5	334.0	186.8	136.0	309.9	83.18	63.70	92.79
	东部	301.3	313.3	393.4	160.1	134.0	309.7	53.12	42.78	78.71
	中部	165.4	129.6	326.0	77.5	77.9	156.7	46.88	60.12	48.05
	西部	157.1	270.9	387.1	97.4	184.5	368.8	62.02	68.12	95.28
	极差	4280.7	4151.7	5035.9	4155.7	4174.0	5033.2			
	极差率	89.61	122.46	106.44	204.11	353.53	258.32			
	标准差	878.0	931.5	958.5	872.9	738.2	966.2			
	变异全国	3.791	3.754	2.558	6.998	5.664	3.372			
	变异京津沪	0.344	0.600	0.934	0.486	1.241	1.037			
	变异东部	4.321	3.386	3.870	8.045	0.970	4.952			
	变异中部	0.120	0.321	0.848	0.420	0.646	0.457			
	变异西部	5.027	4.268	1.750	8.256	6.291	1.848			

资料来源：根据《中国教育经费统计年鉴 2008》《中国教育经费统计年鉴 2009》《中国教育经费统计年鉴 2010》及《中国教育统计年鉴 2007》《中国教育统计年鉴 2008》《中国教育统计年鉴 2009》相关数据计算整理而得

1）中职生均基建经费及其与高职高专和普通高中的差距分析

（1）中职生均基建经费及其与高职高专和普通高中的差距分析

由表 2-7 可知，全国中等职业学校的生均基建经费从 2007 年的 231.6 元（比高职高专低 598 元、比普通高中高 15.5 元）增加到 2008 年的 248.2 元（比高职高专低 387.3 元、比普通高中高 69.9 元），再增加到 2009 年的 374.8 元（比高职高专低 298.9 元、比普通高中高 161.7 元）。高于全国平均水平的地区从 2007 年的 12 个减小到 2008 年的 9 个，再增加到 2009 年的 11 个，即全国近 10 个地区的生均基建经费值要高于全国平均水平。

（2）中职生均预算内基建经费及其与高职高专和普通高中的差距分析

全国中等职业学校的生均预算内基建经费从 2007 年的 124.7 元（比高职高专低 108.9 元、比普通高中高 3 元）增加到 2008 年的 130.3 元（比高职高专低 169.4 元、比普通高中高 0.5 元），再增加到 2009 年的 286.5 元（比高职高专低 133.3 元、比普通高中高 123.6 元）。高于全国平均水平的地区从 2007 年的 13 个下降到 2008 年的 11 个，2009 年维持不变，即全国 11 个地区的生均预算内基建经费值高于全国平均水平。

（3）中职生均预算内基建经费占生均基建经费的比例及其与高职高专和普通高中的差距分析

全国中等职业学校生均预算内基建经费占生均基建经费的比例从 2007 年的 53.85%（比高职高专高 25.69%、比普通高中高 2.47%）下降到 2008 年的 52.51%（比高职高专高 5.35%、比普通高中高 20.29%），再增加到 2009 年的 76.46%（比高职高专高 14.15%、比普通高中高 0.02%）。高于全国平均水平的地区从 2007 年的 17 个增加到 2008 年的 21 个，再增加到 2009 年的 23 个，即全国超过 20 个地区的生均预算内基建经费占生均基建经费的比例高于全国平均水平。

2）中职生均基建经费最大五地区与最小五地区分析

（1）中职生均基建经费与生均预算内基建经费及其比例的最大五地区分析

2009 年，中等职业学校生均基建经费最大五地区分别是吉林 5083.7、河北 2422.2 元、山东 1463.9 元、江苏 1071.6 元、新疆 869.5 元；生均预算内基建经费最大五地区分别是海南 5052.8 元、西藏 2422.2 元、青海 1463.9 元、新疆 1023.6 元、宁夏 755.9 元；生均预算内基建经费占生均教育经费比例最大五地区分别是上海 100%、西藏 100%、青海 100%、宁夏 100%、辽宁 99.74%，这一数值高于

95%的地区还有海南 99.39%、四川 99.33%、贵州 99.16%、重庆 99.13%、陕西 98.95%、河北 98.74%、江西 98.32%、北京 96.38%、浙江 96.36%、新疆 95.52%、湖北 95.39%。

（2）中职生均基建经费与生均预算内基建经费及其比例的最小五地区分析

2009 年，中等职业学校生均基建经费最小五地区分别是江西 123.9 元、甘肃 99.2 元、辽宁 97.6 元、北京 76.0 元、上海 47.8 元；生均预算内基建经费最小五地区分别是山西 105.8 元、河北 96.4 元、湖北 94.6 元、山东 41.0 元、天津 19.6 元；生均预算内基建经费占生均基建经费比例最小五地区分别是福建 50.80%、河南 44.80%、江苏 36.72%、湖南 26.86%、天津 25.75%，江苏、天津、上海、福建、吉林、湖南、海南在这 3 年几乎都是生均预算内基建经费占生均基建经费比例最小的地区。

3）中职生均基建经费的地区差异分析

（1）中职生均基建经费与生均预算内基建经费及其比例的京津沪、东部、中部、西部地区差异分析

中等职业学校的生均基建经费及生均预算内基建经费呈"中部塌陷"现象，2009 年中部仅为 326.0 元和 156.7 元（预算内的）。就生均基建经费而言，东部地区高于西部、中部和京津沪地区。就生均预算内基建经费而言，西部地区高于京津沪、中部和东部地区。中等职业学校生均预算内基建经费占生均基建经费的比例截至 2009 年无论是京津沪地区，还是东部、中部、西部地区均超过 48%，且西部地区大于京津沪地区，京津沪地区又大于东部地区，东部地区又大于中部地区。

（2）中职生均基建经费与生均预算内基建经费的差异指标分析

中等职业学校的生均基建经费的地区间差距水平很明显，要明显高于生均教育经费、生均事业经费、生均人员经费和生均公用经费的差距水平。截至 2009 年，中等职业学校生均基建经费及生均预算内基建经费的最大值与最小值地区之间的绝对差距分别达 5035.9 元和 5033.2 元，其最大值与最小值地区的相对差距竟分别高达 106.44 倍和 258.32 倍；生均预算内基建经费的极差率及变异系数要大于生均基建经费的；生均预算内基建经费全国各地区间的离差程度较大，至 2009

年达 3.372，而东部地区更高达 4.952，东部地区的差异水平要大于全国和京津沪、中部、西部地区，具体为东部地区大于西部地区，西部地区又大于京津沪地区，京津沪地区又大于中部地区。

2.1.3.6　全国中等职业学校预算内生均经费中事业经费比例及预算内事业经费中人员经费与公用经费比例地区差异分析

表 2-8 反映了各地中等职业学校预算内生均教育经费中事业经费比例及预算内事业经费中人员经费与公用经费比例情况。

表 2-8　全国各地中等职业学校预算内生均教育经费中事业经费比例及预算内事业经费中人员经费与公用经费比例统计表

比例		预算内生均事业经费占预算内生均经费比例/%			预算内生均人员经费占预算内事业经费比例/%			生均预算内公用经费占预算内事业经费比例/%		
年份		2007	2008	2009	2007	2008	2009	2007	2008	2009
中职全国/高全国数		96.16/20	96.68/22	93.70/19	77.07/20	76.11/17	72.71/20	22.93/11	23.90/14	27.29/11
中职比高职高专低		−1.95	−2.89	−1.46	−10.49	−12.13	−10.68	10.46	12.12	10.68
中职比普通高中高		0.57	0.55	−2.13	−3.72	−2.14	−5.23	3.72	2.18	5.23
中等职业学校	最大五地区	陕 99.04	沪 99.81	津 99.74	鄂 89.73	鄂 88.53	冀 85.69	琼 50.72	琼 47.51	京 49.73
		桂 98.80	鲁 99.69	鲁 99.07	皖 87.50	湘 88.19	藏 84.22	京 43.87	京 46.33	粤 43.85
		晋 98.70	吉 99.50	沪 98.05	藏 87.22	冀 86.11	苏 83.10	沪 31.96	青 37.02	辽 42.57
		渝 98.68	津 99.05	浙 97.68	鲁 86.25	鲁 85.86	湘 82.82	粤 31.58	宁 36.19	宁 39.21
		沪 98.58	冀 98.78	晋 97.58	赣 84.98	津 85.66	鲁 82.74	云 31.07	辽 33.46	琼 39.06
	最小五地区	新 93.55	粤 92.71	新 84.70	云 68.93	辽 66.53	琼 60.94	赣 15.02	津 14.34	鲁 17.26
		内 93.48	青 91.74	宁 84.27	粤 68.42	宁 63.81	宁 60.79	鲁 13.75	鲁 14.16	湘 17.18
		青 92.49	宁 88.09	青 74.23	沪 68.04	青 63.00	辽 57.43	藏 12.78	冀 13.89	苏 16.90
		藏 62.51	陕 87.92	藏 73.37	京 56.13	京 53.67	粤 56.15	皖 12.50	湘 11.81	藏 15.78
		琼 56.39	藏 54.33	琼 48.70	津 49.28	琼 52.49	京 50.27	鄂 10.27	鄂 11.48	冀 14.31
京津沪		97.58	98.55	97.18	65.13	65.18	62.23	34.87	34.83	37.77
东部		95.41	96.85	93.81	77.90	77.23	73.57	22.10	22.78	26.43
中部		96.53	97.19	95.11	82.39	82.54	78.65	17.61	17.45	21.35
西部		96.67	94.92	91.50	78.35	73.59	71.69	21.65	26.41	28.31

资料来源：根据《中国教育经费统计年鉴 2008》《中国教育经费统计年鉴 2009》《中国教育经费统计年鉴 2010》及《中国教育统计年鉴 2007》《中国教育统计年鉴 2008》《中国教育统计年鉴 2009》相关数据计算整理而得

由表 2-8 可知，全国中等职业学校的生均预算内教育经费中事业经费比例从 2007 年的 96.16%（比高职高专高 1.95%、比普通高中高 0.57%）增加到 2008 年的 96.68%（比高职高专高 2.89%、比普通高中高 0.55%），再下降到 2009 年的 93.70%（比高职高专高 1.46%、比普通高中高 2.13%）。中等职业学校的生均预算内教育经费中事业经费比例高于全国平均水平的地区从 2007 年的 20 个增加到 2008 年的 22 个（含湖北与全国均值相等），再减少到 2009 年的 19 个，即全国近 20 个地区的中等职业学校生均预算内教育经费中事业经费比例值高于全国平均水平。

1）全国中等职业学校生均预算内教育经费中事业经费比例及预算内事业经费中人员经费与公用经费比例的最大五地区与最小五地区分析

（1）中等职业学校生均预算内教育经费中事业经费比例及预算内事业经费中人员经费与公用经费比例的最大五地区分析

2009 年，中等职业学校生均预算内教育经费中事业经费比例最大五地区分别是天津 99.74%、山东 99.07%、上海 98.05%、浙江 97.68%、山西 97.58%；生均预算内事业经费中人员经费比例最大五地区分别是河北 85.69%、西藏 84.22%、江苏 83.10%、湖南 82.82%、山东 82.74%；生均预算内事业经费中公用经费比例最大五地区分别是北京 49.73%、广东 43.85%、辽宁 42.57%、宁夏 39.21%、海南 39.06%，这一数值高于 30% 的地区还有青海 35.03%、上海 34.42%、广西 33.85%、重庆 33.57%、云南 32.83%，介于 25%～30% 的还有陕西 27.44%、浙江 27.02%、四川 26.82%、新疆 25.39%。

（2）中等职业学校生均预算内教育经费中事业经费比例及预算内事业经费中人员经费与公用经费比例的最小五地区分析

2009 年，中等职业学校生均预算内教育经费中事业经费比例最小五地区分别是新疆 84.70%、宁夏 84.27%、青海 74.23%、西藏 73.37%、海南 48.70%，生均预算内事业经费中人员经费比例最小五地区分别是海南 60.94%、宁夏 60.79%、辽宁 57.43%、广东 56.15%、北京 50.27%，生均预算内事业经费中公用经费比例最小五地区分别是山东 17.26%、湖南 17.18%、江苏 16.90%、西藏 15.78%、河北 14.31%。

2）全国中等职业学校生均预算内教育经费中事业经费比例及预算内事业经费中人员经费与公用经费比例的京津沪、东部、中部、西部地区差异分析

2009 年，中等职业学校的生均预算内教育经费中事业经费比例分别是京津沪 97.18%、东部 93.81%、中部 95.11%、西部 91.50%；该比例在京津沪、东部、中部、西部地区的差距不是很大，均在 95%左右。

2009 年，中等职业学校的生均预算内事业经费中人员经费比例分别是京津沪 62.23%、东部 73.57%、中部 78.65%、西部 71.69%；该比例是中部地区大于东部地区，东部地区大于西部地区，西部地区又大于京津沪地区。

2009 年，中等职业学校的生均预算内事业经费中公用经费比例分别是京津沪 37.77%、东部 26.43%、中部 21.35%、西部 28.31%；该比例是京津沪地区大于西部地区，西部地区大于东部地区，东部地区又大于中部地区。

2.1.3.7 结论

①中等职业学校生均教育经费至 2009 年达到近 8000 元，比普通高职高专低近 4000 元，比普通高中高 900 多元。全国近一半地区的生均及生均预算内的教育经费、事业经费、人员经费值高于全国平均水平，9 及 16 个地区的生均及生均预算内的公用经费值高于全国平均水平，11 个地区的生均（预算内）基建经费值高于全国平均水平；近 20 个地区的中等职业学校生均预算内教育经费中事业经费及人员经费比例值高于全国平均水平，10 余个地区的生均预算内事业经费中公用经费比例值高于全国平均水平。

②在中等职业学校的生均（预算内）教育经费、事业经费、人员经费、公用经费的投入上，北京、上海、海南、浙江、天津、西藏、新疆几乎都是全国排名靠前的地区；"中部塌陷"现象比较明显，京津沪地区远高于东部地区，东部又高于西部，西部又高于中部，中部河南、安徽、湖北、江西 4 省在这 3 年几乎总

是处于全国最后 5 位。生均（预算内）基建经费呈"中部塌陷"现象，就生均基建经费而言，东部地区高于西部、中部和京津沪地区；就生均预算内基建经费而言，西部地区高于京津沪、中部和东部地区。

③西藏、海南、贵州、黑龙江、内蒙古、青海、北京、辽宁几乎都是生均预算内教育经费（事业经费、人员经费、公用经费、基建经费）占生均教育经费（事业经费、人员经费、公用经费、基建经费）比例最大的地区。生均预算内教育经费占生均教育经费比例是西部地区大于京津沪地区，京津沪地区又大于东部地区，东部地区又大于中部地区，且截至 2009 年均超过 55%；生均预算内事业经费占生均事业经费比例是西部地区大于京津沪地区，京津沪地区又大于中部地区，中部地区又大于东部地区，且截至 2009 年均超过 55%；生均预算内人员经费占生均人员经费比例是中部地区大于西部地区，西部地区又大于东部地区，东部地区又大于京津沪地区，且截至 2009 年均超过 62%；生均预算内公用经费占生均公用经费比例是京津沪地区大于西部地区，西部地区又大于东部地区，东部地区又大于中部地区，且截至 2009 年均超过 29%；生均预算内基建经费占生均基建经费比例是西部地区大于京津沪地区，京津沪地区又大于东部地区，东部地区又大于中部地区，且截至 2009 年均超过 48%。

④中等职业学校的生均预算内教育经费中事业经费比例在京津沪、东部、中部、西部地区的差距不是很大，均在 95% 左右。生均预算内事业经费中人员经费比例是中部地区大于东部地区，东部地区又大于西部地区，西部地区又大于京津沪地区，截至 2009 年分别是京津沪 62.23%、东部 73.57%、中部 78.65%、西部 71.69%。生均预算内事业经费中公用经费比例是京津沪地区大于西部地区，西部地区又大于东部地区，东部地区又大于中部地区，截至 2009 年分别是京津沪 37.77%、东部 26.43%、中部 21.35%、西部 28.31%。生均预算内事业经费中公用经费比例截至 2009 年介于 30%～35% 的地区有青海 35.03%、上海 34.42%、广西 33.85%、重庆 33.57%、云南 32.83%，介于 25%～30% 之间的有陕西 27.44%、浙江 27.02%、四川 26.82%、新疆 25.39%。这说明这些地区的生均预算内事业经费中公用经费所占的比例是较为合适的，其人员经费与公用经费的比例大致为 7∶3。

⑤生均预算内教育经费（事业经费、公用经费、基建经费）的极差率及变异系数大于生均教育经费（事业经费、公用经费、基建经费）的极差率及变异系数；生均预算内教育经费（事业经费、公用经费、基建经费）全国各地区间的离差程度较大，至 2009 年其变异系数均达到 0.543 以上（生均预算内公用经费的变异系数高达 1.013，生均预算内基建经费的变异系数高达 3.372，东部地区生均预算内基建经费的变异系数更高达 4.952）；全国平均差异水平大于京津沪、东部、中部、西部地区的差异水平（而生均预算内基建经费的离差程度是东部地区的差异水平大于全国的和京津沪、中部、西部地区的差异水平）。

生均人员经费的极差率及变异系数大于生均预算内人员经费的极差率及变异系数；生均人员经费全国各地区间的离差程度较大，至 2009 年其变异系数达 0.515；全国平均差异水平大于京津沪、东部、中部、西部地区的差异水平。

中等职业学校的生均基建经费的地区间的差异水平很明显，明显高于生均教育经费、生均事业经费、生均人员经费和生均公用经费的差异水平。其最大值与最小值之间的相对差距更是高达近 260 倍，如 2009 年生均基建经费及生均预算内基建经费的最大值与最小值地区之间的绝对差距分别达 5035.9 元和 5033.2 元，其最大值与最小值地区的相对差距竟分别高达 106.44 倍和 258.32 倍。

2.2　我国中等职业教育投入存在的问题及原因分析

2.2.1　我国中等职业教育投入存在的问题

2.2.1.1　有限总经费中中央和地方投入比例悬殊

教育经费投入量是影响教育事业发展的关键性因素之一，而对于以就业为直接目的的职业教育，其实践性、操作性很强，更需要大量经费投入，以保障和补充职业教育教学设备、实验基地等的需要。但目前我国职业教育，特别是中等职业教育，经费投入明显不足，甚至不能满足其正常教学实践。在一些地区就出现了中等职业学校的数控专业 958 人，平均 120 人同用 1 台实训机器的状况（王圣志，2007）。2007、2008 年，我国中等职业教育经费（生均经费和生均预算内经费）投入有所增加，但与其他教育类别相比，其占总经费比重却很低，分别仅占 7%和 8%，与职业教育的教学特点极不相符。

中央和地方对中等职业教育经费投入比重相差极大。从相关数据来看，我国中等职业教育经费绝大部分来自地方，几乎是全部，中央投入不足 1%。近年来，我国一直大力提倡、发展职业教育，但是效果并不十分明显，与对高等教育的投入相比还有一定的差距。2007 年，我国对高等教育经费投入为 3630 亿，占教育总经费投入高达 30%；对中等职业教育投入为 850 亿，占教育总经费投入比重仅为 7%，二者相差 4 倍多（于小淋等，2010）。

2.2.1.2　教育经费投入来源单一、投入比例不均衡

①中等职业教育经费投入来源单一，国家财政经费独占鳌头。根据《中国教育经费统计年鉴》，中等职业教育经费投入主要由 5 部分组成，分别为国家财政性教育经费投入、民办学校中举办者投入、社会捐赠经费投入、学杂费投入及其他收入（许丽平，2008）。在我国中等职业教育经费投入中，国家财政性教育经费投入和学杂费收入两项几乎占总投入的 90%。

②教育经费投入比例极不均衡。2002 年 8 月 24 日国务院发布的《关于大力推进职业教育改革与发展的决定》中规定："各级人民政府要加大对职业教育的经费投入。"（姜大源，2009）第十一届全国人民代表大会常务委员会第十二次会议上，教育部关于落实全国人大常委会对职业教育改革与发展情况报告审议意见的报告指出，目前我国正在建立健全职业教育经费投入机制，建立政府投入为主、社会各界多渠道支持的职业教育经费筹措机制（常红等，2009）。但就目前我国中等职业教育经费投入情况来看，多渠道投入情况不容乐观。国家财政性教育经费投入一直在 50%以上，特别是随着近期国家大力推进中等职业教育，对中等教育的经费投入力度加大，在 2008 年达到总投入的 65.03%（国家统计局，2008）。

③学杂费收入比例也居高不下，占总投入的 30%以上。学杂费收入也就是学

生个人承担的教育经费情况,我国《普通高等学校学生管理规定》规定学生承担不超过 25%的教育成本,而有数据表明,近年来我国中等职业教育的学杂费比例都在 30%以上。这使得很多学生,特别是很多农村地区的学生放弃了上学的机会,严重影响了中等职业教育的招生数量和质量,有悖我国提倡教育公平的初衷(沈有禄等,2009a)。

④其他如民办学校中举办者投入、社会捐赠经费投入及其他收入三项总共不足 10%。特别是社会捐赠方面,近三年均在 3%左右。社会捐赠本应该是我国现在以至今后中等职业教育经费重要来源之一,但目前,社会捐赠者往往偏好那些高等院校、名牌大学,以实现捐赠效益最优化,对中等职业教育存在偏见,对其捐赠更是微乎其微。

2.2.1.3 "中部塌陷"现象明显

无论是生均经费还是预算内生均经费,中部的江西、湖北、安徽、河南、湖南及西部的重庆、陕西、贵州、四川和东北的吉林都是生均经费投入最小的地区,而辽宁、浙江、新疆、海南、青海、宁夏、西藏(中等职业学校、中等专业学校部分)、甘肃(技工学校部分)、天津、北京、上海则是生均经费投入最大的地区,尤其是天津、北京、上海几乎在中职各类学校中均占据最大 5 位,呈现出明显的"中部塌陷"现象(赵静等,2011)。

2.2.1.4 各类学校财政预算内经费投入不足

各类预算内生均经费占其总生均经费的比例较低,生均事业经费部分仅为 50%左右(其中技工学校仅为 47.99%,职业高中及农村职业高中最高也只有 56.65%和 58.61%,中等职业学校和中等专业学校分别为 54.16%和 52.29%);生均人员经费比例较高,为 63.20%～76.29%(其中农村职业高中最高为 76.29,职业高中其次为 75.84%,中等职业学校为 71.62%,中等专业学校为 68.63%);生均公用经费比例很低,仅为 30%左右(赵静等,2011)。

2.2.1.5　教育经费利用效率有待提高

从生均经费的各类经费结构比例情况来看，总生均经费部分，事业经费占总生均经费的 92.82%～97.21%，基建经费仅占 2.78%～7.17%（仅技工学校为 7.17%，其他为 3%左右）；人员经费与公用经费的比例大致为 6∶4，人员经费有提升的空间，用以改善教师待遇。预算内生均经费部分，基建经费比例仅为 3%左右，很难保证对基建的投入；人员经费与公用经费的比例保持在 3∶1 左右（其中职业高中、农村职业高中为近 8∶2），人员经费比例较高，过高比例的人员经费挤占了教学办公用的公用经费，因此可以进一步压低人员经费比例而提高公用经费比例，但仅有 3%～5%的空间可作为（赵静等，2011）。

可见在生均经费中，事业费用支出过高，而基本建设费用支出过低，而生均事业经费中有过多的经费集中于人员支出，从而挤占了用于改进教学的公用支出，这种情况在全国大部分省份都长期存在。

在事业费用的人员经费支出上，2007 年和 2008 年中普通高中比例最大，平均比例为 79%左右；其次是中等职业学校，比例在 76%以上；最小为高等职业学校，平均比例为 65%。中等职业学校的人员经费与普通高中相差很小，并且降低幅度要小于普通高中，经费利用结构不妥。这是因为中等职业教育更多的是注重技能与实践，技能与实践能力强弱决定学校教学质量的优差，所以学校的开支更多的是在学校教育设施与培训基地、实验室的维护上。普通高中与其有很大差别，它们更重视学生的课堂掌握能力、老师的教学质量，所以学校的最大开支是老师的工资。因此，中等职业学校的事业经费应更多地投入到公用部分中。

但在公用经费占事业经费的比例上，中等职业教育和高等职业教育相差很多，高等职业教育明显高于中等职业教育。2008 年，高等职业教育中公用经费占事业经费的比例为 36.02%，而中等职业教育中这一数值为 23.89%。同为职业教育，其教学过程都具有较强的实践性和职业性，但两者在学校硬件设施方面存在一定的差距。2007 年 9 月 12 日，新华社合肥市专电记者在安徽职业教育机构调研发现，不少学校缺乏基本的实训设备和师资，只能在黑板上教学生种田和开机器（王圣志，2007）。由此可见，中等职业教育经费构成比例不协调，使用效率不高。

2.2.1.6　教育经费地区投入不公平

我国中等职业教育经费各地区投入不公平。根据《中国教育经费统计年鉴2009》，生均预算内教育经费投入较高的为北京、上海、天津、海南、西藏、浙江等东部和西部地区，投入较低的大多分布在中部地区，如湖北（最低）、安徽、河南、江西、四川等。这种经费投入"东西高，中部低"的状况与地区经济发展情况及国家扶持力度是分不开的。东部地区是我国经济较发达的地区，地区政府投入的经费必然会多；西部地区是国家重点扶持地区，政府向西部投入大量资金，教育经费投入自然也多。因此，我国各地区教育经费投入出现不公平状况。

我国中等职业教育投入不仅不公平，并且各地区差距较大。中等职业教育生均预算内教育经费投入最高的地区北京市，为 11 455 元，最低的地区是湖北省，为 1840 元，两者相差 5 倍多；生均预算内事业经费投入最高的地区北京市，为 11 127 元，最低地区湖北省，为 1779 元，两者相差 5 倍多；生均预算内基建经费投入最高的地区西藏，为 4186 元，最低地区山东省，为 12 元，相差高达 346 倍。这都与各地经济发展水平及国家扶持力度有直接关系（于小淋等，2010）。

在中等职业教育规模发展的同时，中职教育的投入机制方面却呈现出诸多问题。在这种状况影响下，"许多学校缺少培养学生职业技能的必备设施和设备，缺少资金去进行必要的职业实习，教师缺少进修提高的资金，办学条件仍然达不到职业教育的基本要求"。由于上述原因，中等职业学校师资水平提高慢，教学质量上不去；学生不具备社会需求的素质和生产技能，进入劳动力市场就业率低；进而影响这些学校在社会、家长和学生当中的声誉，导致学校招生数量下降；生源少则资金来源少，学校办得更差，因此形成恶性循环（吴穗，2004）。

2.2.2 我国中等职业教育投入问题的原因分析

2.2.2.1 相关政策落实不到位、政府拨款不足

我国于 1993 年颁布的《中国教育改革和发展纲要》特别强调："逐步提高国家财政性教育经费支出占国民生产总值的比例，本世纪末达到 4%。计划、财政、税务等部门要制定相应的政策措施，认真加以落实。"（张万朋，2008）但在时隔所规定的时限 10 多年后的今天，这一个数据性任务还是没有实现。究其原因，一方面就是政府在执行政策过程中没有设立监督机制。另一方面，中国社会科学院研究员余晖接受媒体采访时表示，4%的目标能否实现并不是关键问题，更值得关注的是公共教育经费的流向。如发达国家高等教育生均经费一般在人均 GDP 的 30%～60%；而中国的这一指标在 2000 年一度高达 200%，虽然此后有所下降，但 2007 年仍高达 84%。这说明中国花了相对较多的钱来办高等教育（周大平，2010）。

而对于中等职业教育来说，2005 年 2 月 28 日教育部在《关于加快发展中等职业教育的意见》中特别强调：要根据当地实际，调整教育经费投入结构，提高中等职业教育经费在本地区教育经费投入中的比例，保证中等职业教育财政性经费、生均经费和生均公用经费相应增长。但是实际情况并不乐观，国家重点加强职业技术教育的战略地位与实际教育经费投入缺乏的矛盾十分尖锐。从 2007 年全国教育经费支出构成来看，高等学校占 26.26%，中等专业学校占 6.71%，技工学校占 0.57%，中学占 28.60%，职业中学占 3.08%。小学占 28.42%，特殊教育学校占 0.30%，幼儿园占 1.44%，其他占 4.06%。可以看出，我国的中等职业技术教育（包括中等专业学校、技工学校、职业中学）只占全部教育经费的 10.36%，远远低于国家、政府对于高等教育的投入比例，也远远低国家、政府对普通中学的投入比例（孙树来，2009）。

2.2.2.2 社会对中等职业教育的重视不够

我国自古以来，就将考试制度和教育人才制度"绑定"在一起，十年寒窗苦

读只为了能有朝一日学而优则仕。正是沿袭这种观念，重学术轻技艺的思维观念在一代代人的头脑中"生根发芽"。现如今，还有相当一部分家庭以读高中考大学作为将来孩子发展的唯一最佳路径。在这种社会风气驱使下，职业学校的发展举步维艰，职业教育也得不到发展，从而影响民族整体职业素质的提高和科学技术的创新。而当今社会，一边是高校毕业生就业压力日益加大，另一边是技能型人才较为紧缺。以深圳市为例，据 2005 年《深圳市技能人才培养和发展问题调研报告》分析，深圳真正存在的不是"民工荒"，而是"技工荒"，深圳市技能人才缺口达 5 万多人。技能型人才的紧缺，已经成为增强自主创新能力、推进产业结构优化升级、转变经济增长方式、提高产业技术水平的瓶颈（张云华等，2005）。如果要将这一瓶颈消除，就要加大对中等职业教育的投入，投入的主体除了政府以外，企业和社会捐赠也应积极地贡献力量。然而由于对中等职业教育的重视不够，我国职业教育的捐赠收入远远低于高等教育和义务教育。尤其不容乐观的是，中等职业的捐赠收入自 2001 年后逐年递减，与小学、中学与高等教育的差距逐渐增大（李兰兰，2007）。

2.2.2.3　中等职业教育投入机制建设过程中公平性被忽视

改革开放以来，我国的经济得到了空前的发展，各地方的财政收入和以往相比也呈日益增加的趋势。如果将各个地方的财政收入进行横向比较，就能看到明显的差异。职业教育经费通常由地方政府提供，导致不同地方的中等职业教育财政拨款的高低不同。经济发达地区相对于欠发达地区而言，中等职业教育会得到较多的财政投入，进而教学设备、师资队伍、校园环境等都会发展更快、更好，而欠发达地区则反之。如果这种不公平的怪圈得不到高度重视，势必影响我国中等职业教育投入机制进一步完善，最终影响我国专业人才的培养。公平性没有很好地得到重视还体现在对中等职业教育投入有保障作用的资助体系不完备。由于中等职业教育属于准公共物品，由个人进行对成本的分担无可厚非，然而在政府投入资金大量不足的情况下，中等职业学校还可以运作下去的必要条件就是提高学费。但是个体家庭的支付能力是有限的，加之中等职业学校的学生大多具有"双低"（低收入、低分数）的特点（方芳，2007）。在这种情形下，如果没有合理、规范、有效的学生资助体制作为保障，那么社会上会出现由于经济贫苦而无法接受职业教育的群体。这不仅是物质条件悬殊而造成的不公平，更是投入机制不健全而导致的悲剧（赵静等，2011）。

2.3 我国中等职业教育投入机制及其创新

2.3.1 我国中等职业教育投入机制现实问题

2.3.1.1 中等职业教育投入不充足

①我国中等职业教育投入不充足，主要集中表现在中等职业教育投入总量占总教育经费的比例低显示出的总量不足和相对于普通高中教育而言中等职业教育的投入总量不足，以及生均经费的总量及增长速度跟不上培育成本及其增速。马国湘（2011）认为中等职业教育是我国高中阶段教育的薄弱环节，经费投入不足，中等职业教育的总投入占全国教育经费总投入的比例大幅度下降，对中等职业教育的投入明显低于对普通高中的投入，中等职业教育的生均经费投入远远低于其人才培养成本。王经绫和贾政翔（2012）的研究发现中等职业教育的投入远远低于高等教育的投入，更低于普通中学的投入。方芳（2007）的研究发现我国中等职业教育投入面临经费短缺的问题，政府对于职业教育的财政拨款无论总量上还是生均教育经费的数量上都低于普通高中，职业教育经费支出在各类教育支出中比例偏低，职业教育经费的长效保障机制尚未建立。王经绫和贾政翔（2012）的研究发现，2008 年中等职业教育生均经费为普通高中生均经费的 1.62 倍，低于一般国际通认的职业教育的生均成本是普通高中教育的 2～3 倍的标准，因此国家对中等职业教育的投入是不够的。马树超和邱国华（2003）的研究发现我国中等职业预算内教育经费投入增长缓慢且远低于全国预算内教育拨款增长幅度，中等职业预算内教育经费占预算内教育拨款总数的比例下降。王震和王新（2008）的研究也发现公共财政对中等职业教育的支

持仍然不足，预算内教育经费增长缓慢。然而王经绫和贾政翔（2012）的研究得出，2004～2009 年，国家对中等职业教育经费的投入整体呈上升趋势，6 年来平均年增长速度达到 24.22%，高于同期 GDP 的增长，增长速度在 2007 年达到顶峰 38.58%，随后两年有所下降。

②中等职业教育多元化投入机制建立不够完善，主要集中在多元化投入主体中政府的投资主体地位有待加强，中央和地方及各利益相关主体的分担机制不合理，学费比例偏高，其他的投资渠道有待拓展。雷世平（2007）认为中等职业教育缺乏与其发展相适应的投入经费保障制度，政府没有形成稳定的投入增长机制，政府主体的投入增长滞后于中等职业教育发展需要，地方财政对中等职业教育支出比例低，投入结构也不合理。王雄和王忠贤（2008）认为我国中等职业教育政府财政投入不足，中等职业学校面向市场融资能力很弱，发展过程中很难取得信贷资金，成本分担机制未形成，政府投入效率不高。于小淋和沈有禄（2010）的研究发现中等教育经费投入总量明显不足，中央、地方投入比例悬殊，除国家财政性经费和学杂费以外，其他渠道投资非常有限。杨景平（2004）的研究发现，目前学费收入已占到经费总额的 20% 以上，中专的这一比例更是超过了 30%，这个比例从国际比较的角度来看也是比较高的。近几年由于中等职业教育的滑坡，为稳定生源而降低学费成为各办学机构争相效仿的做法，因此通过增加学费来补充经费的不足已没有可行性。

③中等职业教育投入存在区域差距及各种不平衡，主要集中在城乡间和地区间的发展差距及不同类型的中等职业教育之间的发展差异问题。沈百福（2003）的研究发现职业学校的财政性教育经费普遍低于普通中学且差异较大。马树超和邱国华（2003）的研究发现我国中等职业教育预算内教育经费投入在各类职业教育间的差异较大，公用经费不足且地区间差异显著。刘超（2011）的研究发现中等职业教育的发展在城、乡之间，东部、中部、西部之间，以及同等层次的职业教育与普通教育之间，不同类别的职业教育间存在着发展不均衡的状况。李芙蓉（2007）的研究发现我国中等职业教育生均事业费与人均GDP、农村居民人均纯收入及人均财政支出都有较高的相关性，存在明显的地

区差异。赵静和沈有禄（2011）的研究发现中等职业教育经费地区投入不公平，各地区间存在较大差距。2008 年农村职业高中的生均预算内教育经费的变异系数达到 8 以上，公用经费及基建经费的离散程度更大，基建经费的极值竟相差三五百倍。沈有禄（2012）的研究发现中等职业教育投入存在比较明显的"中部塌陷"现象，无论是总生均经费还是预算内生均经费，京津沪地区远高于东部地区，东部又高于西部，西部又高于中部，中部河南、安徽、湖北、江西 4 省在 2007～2009 年几乎总是处于全国最后 5 位。除了中等职业教育投入的区域间不均衡外，在中等职业教育内部不同类型的学校间也存在投入的不平衡。刘超（2011）的研究发现，1996～2008 年，各类中等职业学校生均预算内教育事业费均有明显增长。在这 12 年里，中等专业学校年增长率为 16.07%，职业高中为 63.95%，技工学校为 19.81%，成人中专为 23.96%。成人中专生均预算内教育事业费最多，比中等专业学校、职业高中、技工学校分别高出 2431.07 元、2614.26 元和 3312.11 元，甚至达到技工学校的 2.10 倍。王兆刚（2010）的研究发现，职业中学国家财政性经费投入增长率与经济发展的关联度优于中等专业学校和技工学校，说明当前发展职业中学教育对经济发展具有重大的现实意义。

④中等职业教育投入效率不高。在对中等职业教育投入效率方面的研究中，杨广俊（2011）的研究发现天津市在职业教育的投入与产出上最有效率，其他大部分地区的效率都不是很高，四川省的效率最低。邱小健（2008）在研究江西省中等职业教育投入的构成效率方面发现既有总经费严重短缺的一面，也存在着经费使用效率不高的问题。2006 年，江西省中等职业教育人员经费与公用经费的比例是 4.86∶1，公用经费比例明显偏低，政府应在保证人员经费的基础上，逐步提高公用经费在教育事业费中所占的比重。于小淋和沈有禄（2010）的研究发现中等职业教育经费利用效率有待提高，生均预算内经费中，事业费用支出过高，而基本建设支出过低，事业经费中人员经费比例较大，公用经费比例偏低，如 2008 年中等职业学校预算内人员经费占预算内事业经费比例在 76.11% 以上，公用经费仅占 23.89%，这是一种比较低效率的表现。

2.3.1.2 中等职业教育投入不足的原因

①政府的主体投资地位责任的缺失。牛征（2002a）认为造成中等职业教育经费投入不足的主要原因是长期以来职业教育投入体制中政府的主体投入地位不明显，过多地依靠行业、企事业单位、社会团体和公民个人举办，这种职业高中由教育行政部门投资，普通中专、技工学校由国有行业企业投资的计划经济投入体制导致了国家财政性投入的增长比例缓慢，制约了中等职业教育的发展。1993 年，中共中央、国务院在《中国教育改革和发展纲要》中指出："职业技术教育和成人教育主要依靠行业、企业、事业单位办学和社会各方面联合办学。"这种体制实际上是不合理的，把本来由政府应该承担的投入主体的责任，让渡给了行业和企事业及社会团体和公民个人，从而使政府投入主体的责任缺失。马国贤（2008）也认为我国中等职业教育财政投入不足的根源在于中等职业教育的财政政策缺失。

②以县为主的投资主体级别太低，事权与财权不对称，呈现出财政支付能力较弱的县级政府来投资成本较大的中等职业教育的"小马拉大车"的现象。雷世平（2007）对我国"以县为主"的中等职业教育管理体制进行分析得出，由于绝大多数县级财政无法完全担当起中等职业教育经费投入主体的责任，中等职业教育的发展步履艰难，农民子女难以接受职业教育的问题依然严重。

③中等职业教育投入的增长速度赶不上中等职业教育培养成本上升的速度，现行的生均拨款标准也远低于国际通认的成本标准。王经绫和贾政翔（2012）认为中等职业教育投入不足的主要原因在于中等职业教育成本快速增长而政府拨款的经费增长缓慢低于成本增加的比例，难以弥补资金缺口；另外现行中等职业教育的财政性经费实行的"定员定额"标准过低，与经济社会的发展严重脱节，在公用经费的划拨上没有十分明确且严格的标准，致使公用经费也偏低。而 2008 年中等职业教育生均经费为普通高中生均经费的 1.62 倍，参照国际标准，职业教育的生均成本应该是普通教育的 2～3 倍，因此与普通高中相比中等职业教育生均经费投入明显不足，现阶段中等职业教育的经费投入远远低于其人才培养成本（马国湘，2011）。

④部分地方政府不重视中等职业教育投入，社会环境氛围及较低质量的培养效果和就业质量，以及收益不太高造成学生及家长轻视中等职业教育。郭振纲（2005）认为部分地方政府、绝大多数家长及学生仍然视接受职业教育为次优或最差的选择，进而影响中等职业招生的质量、培育的效果及毕业的就业质量，形成恶性循环致使中等职业教育发展滞缓。职业教育一直被不少地方决策者视为普通教育的补充，是"二流教育""次等教育"，在招生和经费投入政策中也一直处于次要地位。另外，受中等职业教育的培养质量低及就业质量和收益低的影响，学生及家长普遍轻视职业教育，认为"职业学校毕业生的社会地位低，收入低，只有成绩差的人才去读职业学校"，制约着职业教育的发展。

⑤经费投入保障机制的法律不健全，对未尽投入责任的各级各类政府及企事业缺乏有效的监督。王经绫和贾政翔（2012）认为中等职业教育投入不足的主要原因在于国家关于中等职业教育经费投入保障机制的法律法规不健全，既有的法规与政策也缺乏有效的实施。另外，李惠艳（2007）认为对国家明文规定的职业教育经费投入政策缺乏可操作性的监督也是造成中等职业教育投入不足的主要原因。比如，城市教育附加费、企业职工工资总额的一定比例要投入到职业教育的规定是否执行，没有制约的政策；对挪用或截留职业教育经费的行为未能进行有效的监管。国务院作出的城市教育附加费的20%用于职业教育的规定，在绝大多数地区未能得到很好的落实。

⑥中等职业教育经费投入中国家财政性经费的比例不够高，有进一步提升的空间。据《中国教育经费统计年鉴2011》数据显示，2010年中等职业学校教育经费收入构成情况是：总经费1 357.309 9亿元，其中国家财政性教育经费968.282 58亿元，占总经费的71.34%，可见我国中等职业教育中国家财政性拨款还有增长空间（教育部财务司等，2011）。

2.3.1.3 中等职业教育产品的特殊属性要求政府加大投入

（1）中等职业教育产品的特殊属性

中等职业教育是具有全局性、战略性、先导性的介于准公共产品与纯公共产品之间的一种近乎纯公共产品的特殊产品，然而当下中等职业教育仍然具有一定的私人属性，所以也需要社会及个人对其进行成本分担。

杨广俊（2011）认为中等职业教育是面向人人、面向全社会的教育，具有鲜明的职业性、社会性、人民性和公益性特征。刘刚（2007）认为中等职业教育具有明显的外部效应，学生通过技能培训，掌握一技之长，能够较为迅速地适应新的工作岗位，从而在整体上为企业、行业、国家和社会创造财富，减少由于劳动力闲置所带来的隐性的社会危害，尤其对于农村青少年来说，公共产品的性质显著增强。皮江红（2005）认为中等职业教育是一种准公共产品，因此要求受教育者和政府共同分担教育成本。鉴于准公共产品中公共产品的属性更强，政府应成为成本的主要分担主体，因此政府在职业教育投入中应居主导地位。联合国教科文组织的一次不全面的调查结果表明：中等教育的平均收益率在发展中国家、中等发达国家和发达国家分别为18%、17%和14%，其个人收益率一般高于同时期的市场利率，也常高于物质资本的收益率，因此中等职业教育在发展中国家的社会收益率较高，政府及社会理应分担大部分成本（毛寿林，2007）。唐晓青（2012）则认为："职业技术教育关乎我国整个工业、服务业等产业的后续发展能力，是我国技术人才培养的重要组成部分，除了政府、社会等方面的投入之外，企业作为技术人才的使用者，也应该承担部分职业教育经费的投入。"可以通过立法的形式对企业介入职业技术教育的方式、税收减免、企业投入渠道等方面进行明确的规范（柴葳等，2007）。马国贤（2008）则进一步指出中等职业教育投入应在企业、政府和个人三方按4∶4∶2的比例进行成本分担。

然而随着中等职业教育外在效益的不断增强，随着我国政府教育财政支付能力的不断强大，随着世界工厂对高素质劳动力的需求的不断增加，中等职业教育在我国最终会演变成为一种纯公共产品，纳入义务教育保障的范围。

沈有禄等（2009b）认为随着中国"世界工厂"地位的不断增强及与此相对应的对高素质制造业及服务业技术人才的需要的不断加大，中等职业教育必然会逐步演变成为纯公共产品，政府负担中等职业教育成本的比例必然也越来越高，中等职业教育的公益性越来越强，中等职业教育的公共产品属性将进一步增强，甚至变成完全公共产品。李汝（2007）通过对财政性中等职业教育投入的卢卡斯教育资源外溢效应模型的研究表明，政府财政性中等职业教育投入及人力资源投入对经济增长外溢的作用非常显著，因此她建议将中等职业教育纳入国家义务教育范畴。

（2）政府不断加强对中职教育的投入的重要意义

中等职业教育具有重要的战略性、先导性、基础性的意义，为了提高劳动技术人才的素质和推动国家软硬实力的发展，国家再怎么强调对中等职业教育的投入都不足为过。

张玉华（2007）认为建设社会主义新农村就需要加快培养新型农民，而这需要加大对农村职业教育的投入力度，加快培养适合农村需要的农技人员，提高农民的整体素质。姜大源（2009）认为职业教育是使我国从人口大国变为人力资源强国的必由之路，是提高国家核心竞争力的要素，可以毫不夸张地说，无论怎样强调职业教育的重要性都不为过。郭振纲（2005）认为发展职业教育，是提高国家和企业自主创新能力的必然要求，生产及制造工人队伍的技术水平在很大程度上决定着国家科技水平和自主创新能力，职业教育就承载着培养数以亿计的高素质技术人才，进而表征了一个国家和社会的社会经济发展水平与社会竞争力的"软实力"。

（3）政府不断加强对中等职业教育投入的重要政策

鉴于中等职业教育的重要战略地位，我国政府也陆续出台了关于加强中等职业教育投入的重要政策文件，从加大与落实各级政府和企业投入责任到安排专项经费，利用金融税收等手段促进中等职业教育发展，同时也对经费管理和使用效率提出了要求。2002 年 8 月 24 日国务院作出的《国务院关于大力推进职业教育改革与发展的决定》（国发〔2002〕16 号）中规定："各级人民政府要加大对职业教育的经费投入。城市教育费附加安排用于职业教育的比例不低于 15%，已经普及九年义务教育的地区不低于 20%。""各级人民政府在安排使用农村科技开发经费、技术推广经费和扶贫资金时，要安排一部分农村劳动力培训经费；安排农业基础设施建设投资时，要安排一部分农村职业学校和成人学校的建设经费。""中央财政增加职业教育专项经费，重点用于补助农村和中西部地区加强职业教育师资培训、课程教材开发和多媒体教育资源建设以及骨干和示范职业学校建设。地方人民政府也要增加职业教育专项经费。""一般企业按照职工工资总额的 1.5%足额提取教育培训经费，从业人员技术素质要求高、培训任务重、经济效益较好的企业可按 2.5%提取，列入成本开支。""利用金融、税收以及社会捐助等手段支持职业教育的发展。金融机构要为家庭经济困难学生接受职业教育提供助学贷款，认真执行国家对教育的税收优惠政策，对职业教育的资助和捐赠，可在应纳税所得额中全额扣除。""加强职业教育经费管理，提高职业教育经费的使用效益。"

2005 年国务院正式发布了《关于大力发展职业教育的决定》，提出了通过建设"四大工程""四项改革""四个计划"促进职业教育发展。"四大工程"为国家技能型人才培养培训工程、国家农村劳动力转移培训工程、农村实用人才培训工程、成人继续教育和再就业培训工程；"四项改革"即推进职业院校更好地面向社会、面向市场办学，强化职业院校学生实践能力和职业技能的培养，大力推行工学结合、校企合作的人才培养模式及逐步建立和完善半工半读制度，推进东西部之间、城乡之间职业院校的联合招生、合作办学；"四个计划"即职业教育实训基地建设计划（2000 个），县级职教中心建设计划（1000 个），职业教育示范性院校建设计划（各 1000 所中、高职），职业院校教师素质提高计划。另外，要进一步落实城市教育费附加用于职业教育的政策。从 2006 年起，城市教育费附加安排用于职业教育的比例，一般地区不低于 20%，已经普及九年义务教育的地区不低于 30%。"十一五"期间，中央财政对职业教育投入 100 亿元，重点用于支持实训基地建设，充实教学设备，资助贫困家庭学生接受职业教育（雷世平，2007）。

2.3.2　中等职业教育多元投入机制的建立

2.3.2.1　建立政府主导的中等职业教育多元投入保障机制

加大政府投入，建立政府主导的，社会团体、企业和公民个人共同参与的多元投入体制。邱小健和邓云洲（2009）提出应该加大国家财政性教育经费投入，实现经费投入多元化，提高经费投入的利用效率，各地区教育经费实现均衡发展等建立更加完备的教育经费投入机制。马国湘（2011）认为应建立政府主导的多元投入体制，既要加大政府对职业教育的投入力度，也要多方面筹集社会资金，以更加优惠的措施，吸引社会团体、公民个人和企业投资举办职业教育，逐步建立健全政府主导，行业、企业、社会和个人参与的职业教育经费多元投入机制。杨景平（2004）则认为即使职业教育经费来源多渠道及主体多元化已成为各国筹措职业教育经费共同的基本模式，但是即使是在发达国家，政府依然是职业教育经费的主要提供者。吴穗（2004）也认为我国应该建立以政府拨款为主，企业和社会共同参与的投入机制。

有研究者认为在多元投入主体中应进一步强化企业的作用，石丽敏（2006）对国外校企合作的模式进行了研究，认为政府应主要通过立法和财政资助手段来间接地实现校企合作。

尽快建立和完善中等职业教育投入的立法与经费保障，确定中央与地方的投入责任。邹融冰（2005）认为，我国也应学习德国、日本的做法，建立完备的职业教育投入法规，建立政府主导的多元投入体制，并不断提高企业分担的比例。王经绫和贾政翔（2012）认为应该完善教育财政投入的立法及政策，尽快制定并颁布《财政教育投入法》，并建立中央与地方分项目、按比例分担的经费保障机制，根据地方的实际财力，重新划分各级政府中等职业教育的财政责任，尽量使得各级政府的财力与事务责任相对称，通过转移支付等手段，缩小地区差异，促进教育公平。

2.3.2.2　建立中等职业教育投入稳定增长的长效机制

建立中等职业教育投入稳定增长的长效机制，通过重点项目建设推动中等职业教育健康、稳定、持续发展。姜大源（2009）认为应建立"刚柔并举"的职业教育经费投入增长的长效机制，以确保职业教育的经费投入等同于普通教育甚至超过普通教育，将中等职业教育投入主体由县政府提高到由省政府统筹。对经常性经费投入必须设定一定的刚性指标，对项目性经费投入和对阶段性目标给予重点、及时的投入。王经绫和贾政翔（2012）还认为应该加大对中等职业教育重点项目的支持力度，夯实基础，突破瓶颈，大力支持农村职业教育发展，加强中等职业教育示范性学校的建设，落实实训基地的建设，健全中等职业教育困难学生资助体系。

2.3.2.3　统筹经费加大对落后地区薄弱学校的转移支付力度

提高中等职业教育投入的经费统筹层级，由省政府统筹中等职业教育经费投入，并加大财政转移支付力度，加强对落后地区及弱势群体的补助力度。雷世平（2007）认为应按照财权和事权相对称的原则，建立省级财政统筹、地方各级财政根据各自职责共同分担的农村职业教育财政体制。刘超（2011）认为应加大中央、省市政府对贫困地区的财政转移支付力度，增强对贫困地区职业教育发展的保障能力。例如，2001～2008 年，中央财政向西藏转移支付已达人民币 1541 亿元，西藏财政支出的 93%～94%都来自中央的转移支付，西藏地区职业中学生均事业费位居全国第 5，验证了这种强有力的财政转移支付。谭霁和李益众（2007）认为应加大对农村职业教育及涉农专业和城市低收入家庭学生的补助。各级政府应该把中等职业教育作为其一项基本职责和公共产品来提供，制定近、中、长期发展规划，明确目标任务。

2.3.2.4　改革投入方式拓展投融资渠道

改革中等职业教育经费的投入方式和支持方式，营造公平有利的市场环境，拓展中等职业教育的投融资渠道。王经绫和贾政翔（2012）认为应该改革财政资金的投入方式和支持方式,将现有的"基数+发展"的传统拨款模式改革为绩效拨款以提高办学单位的积极性和资金的使用效率，通过财政补贴、补助、奖励、贷款贴息、税收减免、实物（如土地）划拨、设立专项的职业教育发展基金等来吸引更多的社会力量对职业教育予以投入，以财政信用作担保搭建融资平台帮助中等职业教育实体融资，试点性地允许一些知名度高、发展良好的中等职业教育学校发行职业教育债券及实行商业汇票贴现、股权抵押等。雷世平（2007）也认为要综合运用税收、补助、参股、贴息、担保等手段，为社会力量投资中等职业教育创造良好环境，落实各类捐资助学的税收优惠政策，尝试发行教育彩票等，支持中等职业教育发展。

2.3.2.5　发挥市场机制的力量提高办学效率

引入市场机制，通过市场这只"看不见的手"的资源调节与引导作用，促使中等职业教育投入进行制度创新，释放制度改革的力量，促进中等职业教育结构调整和经费来源渠道拓展。王兆刚（2010）认为在中等职业教育投资方面应该引入市场调节机制，通过劳动力市场的供求关系来实现对职业教育规模的调节，促进职业教育布局、专业设置和层次比例更加合理，以提高职业教育的投资效益。杨景平（2004）认为应通过中等职业教育投入机制创新，释放制度改革的力量，创新中等职业教育投入方式与融集资渠道。通过对各类公办职业学校的体制创新与制度创新，创造公平、有利、重视各方正当利益诉求的市场氛围，从而引入市场上多元主体的投资解决资金短缺问题。可以通过教育股份制、集团化办学、公立学校"转制"、发行教育债券等投入机制的创新来解决中等职业教育经费短缺的问题。牛征（2002b）也认为，可以通过承包制、股份制、中外合作制、所有权转移制、资产重组、法人化办学、规范成本分担等制度创新来解决中等职业教育经费短缺的问题。

2.3.3　教育券杠杆作用

教育部早在 2004 年就已提出各类中等职业学校可采取发放教育券及鼓励社会资助等措施加大对职业教育的经费投入，教育券已从政策鼓励的层面成为政府加大中等职业教育投入的重要举措之一。

浙江省长兴县于 2001 年在全国范围内率先实施中等职业教育券，对选择该县职业类学校的初中毕业生发放可抵免 300 元学费的教育券。随后，中等职业教育券在浙江省内得以推广，瑞安市、温岭市等也发行了中等职业教育券；中等职业教育券还得到了延伸，长兴县发行了农民技能培训券，杭州市上城区发行了教师教育券，杭州市也发行了大学生就业扶困培训券。此后，贵阳、长春、延边、芜湖、成都等地也发行了中等职业教育券，其中以2009年开始实施的成都市中等职业教育券规模为最大，对户籍在成都市19个区（市）县和高新区，就读成都区域内具有招生资格、收取中等职业教育券的全日制中等职业学校的一、二年级学生发放面值1200元的中等职业教育券，每位学生累计享受两次（沈有禄，2010）。

无论是从职业教育的性质、政府在职业教育投入中的地位和作用，还是教育券理论自身的发展，都证明教育券可以而且应当在职业教育中得以适用（皮江红，2008）。皮江红（2005）认为解决政府对中等职业教育投入的总体不足将是一个长期的过程，为了提高政府有限投入资源的使用效率，促进受教育机会的公平性，以教育券制度来创新中等职业投入的拨款机制不失为一个更为有效、更为快捷的方案。可以采取一种以市场竞争为主，社会政策调节为辅的混合型教育券模式，先按照一定的标准面向所有的受教育者发放统一的教育券，再根据个别受教育者的具体情况给予具有助贫性质的教育券。曲恒昌等（2003）认为地方政府划拨一定财政资金，为上职业学校的学生发放教育券，有利于扩大教育机会；也改变了人们"重普教、轻职教"的传统观念，有助于吸引更多的民间资本投入职业教育，加速普通教育与职业教育之间的结构调整，是件利国利民的大好事，政府应当鼓励和支持。所以，在农村实施支持职业教育的教育券制度，符合现代公共财政的理念，是完善公共财政制度的一种举措。熊惠平（2004）认为实施中等职业教育券可以取得较好的效果，其直接效果是政府为家长和学生提供了看得见的补贴和福利，间接效果是以政府行为这只"看得见的手"带动市场这只"看不见的手"的资源投入带动与配置效果。在政府中等职业教育券这一公共补贴行为的投资引导下，带动了更多的非政府的中等职业教育投资，体现了政府主导政策对市场的资源配置的引导和拉动作用。

沈有禄和谯欣怡（2009a）认为中等职业教育券是公共力量与私人力量的联合，既可以配置公共教育资源，也能配置私人教育资源。在配置公共教育资源时，弥补了政府直接配置失灵的地方。公共教育资源首先要保证其配置的公平性，但是通过教育券这种形式也可以提高其配置效率。在配置私人教育资源时，弥补了市场手段配置失灵的地方，某些私人资金及基金等也越来越关注弱势群体，越来越关注公平性，尽管私人教育资源总是流向最有效率的地方，但是这类非公共资金资助的教育券在私人教育资源配置过程中也起到了公平的导向作用。所以，教育券正好能起到平衡中等职业教育资源的配置效率与公平的杠杆作用。但是教育券作为源自美国的舶来品，各地区一定要根据自身的实际情况，因地制宜、适时适度地制定具体可行的操作方案为我所用，尽量使中等职业教育券在带动民间投资职业教育的同时，也兼顾对弱势群体的补偿，真正发挥中等职业教育券在对中等教育结构调整中的资源配置引导与示范效应，促进落后地区、薄弱学校和弱势群体的发展公平与受教育公平（向小辉，2003）。

3 教育券在美国与中国的实践

3.1 教育券简介

3.1.1 教育券是什么

弗里德曼在 1955 年的一篇关于教育体制改革"去国有化"的论述中主张除了保留国家的财政投入外应该去除中小学教育中的所有其他国家行为，提出应该发行一种面向所有学生的教育券以产生一种竞争性的市场，迫使那些绩效差的学校不断改进办学模式而不至于在竞争中因吸引不到学生而倒闭（Owens，2002）。

弗里德曼（1962）认为，如果政府想要资助某些项目，既可以资助生产者，也可以资助消费者。但资助生产者是一种错误的行为，因为这种自上而下的体制会产生非常低的效率，而更好的方式是资助消费者。教育券正是基于这样的理念提出来的。在弗里德曼的教育券理念中，政府可以为家长提供一张可兑换的教育券，这张教育券的面值不超过每个学生每年的教育成本的最大值，学生家长可以用这张教育券去任何被政府认证的学校中购买教育服务，通过这种资助学生父母教育券以购买教育服务的方式来提供最低水平的教育。父母可以用这笔钱或者额外补助的钱，根据自己的选择自由地从任何被政府认证的学校购买教育服务，而这些学校可以是由私人团体、宗教团体、政府单位或者是任何其他的不同类型的机构来运行的。政府的责任就是要确保这些学校能够提供最低限度的教育服务，包括提供最低限度的通识教育课程及营养和卫生标准。

总的来说，教育券计划代表了一种特别的教育资助方式，以取代传统的政府直接向教育的提供者提供资助的方式，转而以资助消费者的方式来资助教育（Jongbloed et al.，2000）。教育券就是社会对其责任和政府在教育中的作用的政治感（Martin，1997）。曲恒昌等（2003）认为教育券不仅仅是一个具体的办法，更是整个教育改革的一个重要手段或途径。

3.1.2　教育券的类型

3.1.2.1　按发放学生范围大小来分

弗里德曼的"市场模型"几乎完全关注教育的市场公平。每个孩子凭着一样面值的教育券可以选择任何已批准参与教育券计划的公立或私立学校,超出的学费部分由学生家长自行补足。皮科克与怀斯曼的"收入-市场联系模型"兼顾市场公平与社会公平,但更倾向于市场公平。他们建议采纳一种教育券计划,使得该计划与所得税相联系,为那些来自低收入家庭的学生发放面值更高的教育券。詹克斯的"补偿性市场模型"更加关注教育券的社会公平。詹克斯主张教育券应该有选择地提供给那些低绩效的公立学校,并更偏向于资助那些相当贫困的家长,而且那些低收入家庭还应获得额外的资助,即贫困学生在收到基本面值的教育券外还能收到第二张补偿性的教育券(Jongbloed et al.,2000)。

3.1.2.2　按资金来源性质来分

教育券可以按不同的标准分类,从资金的来源可分为"私人资金资助的教育券"与"公共资金资助的教育券"。私人资金资助的教育券更常见,且争议较少;然而公共资金资助的教育券很少,且具有很大的争议,公共资金资助的教育券有违反美国宪法第一修正案中的关于宗教条款(即政教分离原则)之嫌(Owens,2002)。除了政府资助的备受争议的教育券计划外,还存在大量的私人资金资助的教育券计划,美国儿童奖学基金(Children's Scholarship Fund,CSF)教育券就是一种私人资金资助的教育券(贺武华,2007)。不同的私人教育券计划在资助额度、服务学生数量、目的及导向上存在差异。虽然私人教育券的推行对改善学生学业成绩有一定成效,但实践中仍面临如何维持计划的长期推行和留住学生等问题(沈有禄等,2006)。

3.2 教育券在美国的实践

3.2.1 教育券计划在美国的发展

在美国，教育券思想源于 20 世纪 50 年代弗里德曼的论文《政府在教育中的作用》。在美国的基础教育阶段，政府资助的教育券计划最早出现在 20 世纪 60 年代末，1972 年后的 5 年，加利福尼亚州圣何塞市（San Jose, California）附近的安拉姆·诺克（Alum Rock）学区已经开始了联邦的财政资助的教育券计划，不过此实验只涉及公立学校而没有包括私立学校（Hendrie，2004a）。

1990 年，威斯康星州米尔沃基市（Milwaukee）开始正式实施教育券计划，1000 名低收入家庭的儿童进入了非宗教的私立学校。1995 年，俄亥俄州的立法机构通过了克利夫兰市（Cleveland）教育券项目，从 1996 年起，该市正式推行教育券。1999 年，佛罗里达州议会批准全美第一个全州性的教育券实施计划。根据该计划，未达到州学业标准的学生可领取价值 4000 美元的教育券，转到任何一所公立或私立学校就读（周飞等，2002）。科罗拉多州是美国第二个通过立法形式创立教育券计划的州，为那些绩效低的公立学校的学生提供资助并转入私立学校，高中生每人将获得学区生均成本 85%的资助（Anonymous，2003a）。2004 年 1 月 22 日，美国参议院批准了华盛顿州 1400 万美元的教育券计划，来自哥伦比亚特区低收入家庭的孩子有资格得到面值 7500 美元的教育券资助，他们可以用这笔钱去任何宗教的或世俗的私立学校上学（Hendrie，2004a）。弗里德曼先生还预言道："哥伦比亚特区的教育券计划将有助于教育券的推行，全国将掀起照搬哥伦比亚教育券模式的高潮。"（Hendrie，2004b）

2005 年 9 月中旬，美国国会开始辩论卡特里娜教育券计划，布什（George Walker Bush）总统提出了对接受遭卡特里娜飓风袭击家庭的学生的公立学校提供高达 19 亿美元的一揽子教育资助计划（Friel，2005）。2005 年 11 月，美国参议院批准了卡特里娜教育券计划，16 亿 6000 万美元的赈款中拨款 4 亿 5000 万美元用于重建受灾学区，该法令同时也提供 12 亿美元用于帮助学校——公立学校及私立学校，包括接纳受灾学生的宗教学校（Davis，2005）。

截至 2009 年，在美国现行的 11 项公共教育券计划中，据不完全统计，参与的私立学校有 1837 所，共接纳了 73 612 名学生。现行的美国教育券按资助对象分为通用教育券、城镇教育券、特殊教育券、弱势学生券等四种形式，其资助金额、资助对象和参与学校各有不同，其特点是不再把市场机制引入教育经费配置，而是在有效利用公共财政经费的基础上进行配置，体现了对贫困和弱势群体的关爱和教育公平的保护（夏焰等，2011）。

在高等教育阶段，已经有两类教育券的实践经验。一类是 Pell 奖学金，由联邦政府提供给来自低收入家庭的学生，但是 Pell 奖学金相对于后义务教育的全部成本显得微不足道。另一类是于 1944 年通过的为提高退伍军人教育的《退伍军人权利法案》(*The GI Bill of Rights*)，资助数量更大而对使用者的限制更小，是后义务教育与培训及终身教育比较可行的资助方式，能产生较强的公平效果，目前至少已有 1800 万退伍军人受益，至少已经投入 700 亿美元，占政府对后义务教育和培训资助大约一半的经费（阙海宝等，2005）。美国科罗拉多州在 2005～2006 学年正式实施高等教育券计划，政府对高等学校不再直接拨款。进入公立大学的学生可以获得每年 2400 美元面值的教育券；申请进入政府指定的三所私立大学的学生，可以得到每年 1200 美元面值的教育券。在美国，这是除退伍军人教育券外，第一个针对普通大学生的教育券计划（夏焰等，2007）。

除了政府资助的备受争议的公共教育券计划外，还存在大量的社会机构如基金会或私人以奖学金等形式资助的私人教育券计划，如始于 1998 年的美国儿童奖学基金教育券就是一种在美国最有影响力的私人资金资助的教育券，目前超过 70 000 名儿童已经从儿童奖学基金项目中受益（沈有禄等，2006）。

3.2.2 美国教育券计划产生的背景

3.2.2.1 美国教育券计划产生的政治经济背景

20 世纪 70 年代，美国经济出现了结构性经济危机特别是受到经济滞胀的困扰，美国经济理论界和政府都感到了凯恩斯新主张的大政府、高税收、高福利政策的失败。于是，在 20 世纪 80 年代初，倡导自我放任，弘扬市场机制，反对国家干预，主张小政府、低税收、改革福利制度的供应学派和货币学派便逐渐成为美国新政时期的政治、经济政策的基础。诺贝尔经济学奖获得者米尔顿·弗里德曼于 1962 年在他的经典论著中说道："资本主义和自由主义观念在现代美国受到严肃认真的考虑。"（Salisbury，2003）罗纳德·里根（Ronald Reagan）总统相继推行了紧缩货币、减税及税制改革、收缩福利等一系列减少政府作用、注重市场机制的改革政策，这使美国的经济再度出现了繁荣。可以说正是这一转变，构成了美国基础教育改革的一个崭新社会背景。它对美国公立基础教育制度的影响就在于让人们重新思考了政府在教育中的地位和作用（曾晓洁，1998a）。

3.2.2.2　美国教育券计划产生的教育背景

美国历次教育改革的失败和公立学校教育质量的不断下降是教育券等择校制度推行的教育背景。美国公立学校教育失败是不争的事实。尽管政府多年来为公立学校投入大量经费、增设教师、缩小班级规模，但家长们认为公立学校的教学水准仍然未能达到他们的要求，择私校而读的学生人数仍逐年增加。因为"各私立学校能提供高水准、安全与校风良好的教育"（曾晓洁等，1999）。

随着越来越多的州允许家庭不局限于仅上公立学校的择校计划的开展，教育券受到越来越多的关注。择校的观点可追溯到 1791 年，托马斯·派恩（Thomas Paine）在其政治散文《人权》中提倡用财政资金帮助父母送他们的孩子上私立学校。但是，直到 1962 年，米尔顿·弗里德曼才在其发表的《政府在教育中的作用》一文中，提出了教育券理论。1983 年美国优质教育委员会发表了《处于危难之中的美国》的报告，报告要求政策制定者应认真严肃地考虑美国目前平庸的教育情况，因此，择校利益有明显增加的趋势（Salisbury，2003）。强化学校教育竞争的择校制度，并使之日益获得越来越多的公众支持。

3.2.3　美国私人资金资助的教育券计划

从教育券资金的来源可将教育券粗略地分为私人资金资助的教育券（私人教

育券）与公共资金资助的教育券（公共教育券）。两种类型的教育券都给学生提供上私立学校或者教区学校的机会，家长不需或很少付费，从这个意义上讲，它们对家长的功能来说是一样的。

一般来说，私人资金资助的教育券主要是学费奖学金性质的，是由一些公民组织、教堂、慈善组织几十年来一直为最需要帮助的学生提供奖学金资助。然而使这些私人资金资助的教育券近年来颇有争议的是隐藏在私人资金背后的一些意图，私人资金资助的教育券带有很明显的以为上私立学校的学生提供优惠资助而刺激公立学校改革的意图。这两种类型的教育券在法律上是完全分开的，完全不同的。私人资金资助的教育券能按它们设计的目的来资助学生，然而公共资金资助的教育券却不那么走运，它有违反美国宪法第一修正案中的关于宗教条款（即政教分离原则）之嫌（Owens，2002）。

私人教育券更强调的是其社会慈善功能，为不招致激烈的反对，美国私人教育券计划大都无教育券之名而有教育券之实，大部分都称为奖学金计划（scholarship program），如在缅因州和福特蒙德州的学费支付计划（tuitioning program）（夏焰等，2011）；美国儿童奖学基金教育券，是美国目前最大的私人教育券计划（沈有禄等，2006）。

3.2.3.1　美国儿童奖学基金教育券简介

儿童奖学基金建立于 1998 年，是纽约市一个私人基金资助的基金会，也是美国最大的学校选择资助项目。该基金对 50 个州的 3000 个地方的学生提供了奖学金，四年支出 1 亿 7000 万美元，为那些低收入家庭的孩子上私立学校时提供部分学费资助，父母再配套支出 1000 美元左右送其孩子在他们喜欢的学校上幼儿园至小学 1~8 年级（William，1999）。自 1999 年以来，超过 70 000 名儿童已经从儿童奖学基金项目中受益，超过 24 000 名儿童正在使用儿童奖学基金上他们家庭选择的私立学校。38 个奖学金项目中，家庭付出大概是孩子学费的 50%，家庭的平均贡献是 1607 美元，家庭的平均年收入是 26 854 美元，儿童奖学基金平均值是 1246 美元。奖学金的数量取决于家庭的大小、收入及家庭为孩子所选择的学校。儿童奖学基金在 1999 年的第一批奖学金中，有来自全美 2 万个社区的近 125 万个家庭具备申请资格。面对众多需求，奖学金获得者只能通过随机抽取产生[①]。

3.2.3.2 美国儿童奖学基金教育券评价

1）研究来源

哈佛大学教育政策与治理项目（Project of Educational Policy and Governance，PEPG）进行了一项随机地对广大具备儿童奖学基金的申请资格并被授予该教育券的 2368 位上公立学校幼儿园至小学 1～8 年级的申请者的电话调查，2001 年夏天又对在 2000 年 6～8 月第一学年被授予该教育券的申请者进行了一次调查。这次样本按照所有儿童奖学基金申请者的地理分布抽样，这些家庭被定义为有孩子在幼儿园至小学 1～8 年级上学并具有中低收入（年收入少于 40 000 美元），且居住在有 20 万人口及以上的城市的家庭（Peterson et al.，2002）。

2）谁选择申请教育券

表 3-1 显示了申请者与有申请资格者的人口统计特征（Peterson et al.，2002）。

表 3-1　教育券申请者与有申请资格者的人口统计特征

人口统计特征	教育券申请者	具备教育券申请资格的上公立学校家庭的全国样本
母亲大学毕业/%	23	20[*]
双亲家庭/%	57	46[**]
母亲的平均年龄/岁	37.1	37.2
母亲出生于美国/%	82	83
居住于目前的住所至少两年/%	81	71[**]
非洲后裔黑人/%	49	26[**]
西班牙后裔/%	17	25[**]
天主教信徒/%	25	28[*]
每周至少去教堂礼拜一次/%	66	38[**]
样本数/个	2303～2368	874～971

注：全国样本的数据做了权重处理以保证代表性

* 5%显著

** 1%显著

---

① 资料来源于美国儿童奖学基金教育券网站。

由表 3-1 可知，教育券申请者中 23%的母亲具有大学学历，与之相比，有资格的公立学校家庭的这一比例是 20%。申请儿童奖学基金教育券的双亲家庭的比例要比具备资格者的这一比例大 9%。母亲的平均年龄及母亲在美国出生的比例方面没有明显差异。但是，教育券申请者比那些所有具备资格者在目前的居住地至少居住了两年的这一指标上高出了 10 个百分点。在种族构成方面这两组家庭呈现出最大的差异。具备资格者的非洲后裔的比例只有 26%，小于 49%的教育券申请者的比例。然而仍然可以得出结论，非洲后裔家庭对教育券的需求比那些没有外部资助的具备申请资格者的需求要大。由于相对比较便宜的天主教私立学校网络对天主教家庭来说有能力承担费用，他们更倾向于把孩子送进教区学校。令人出乎意料的是实际上教育券申请者与具备资格者相比很少有天主教信徒，66%的教育券申请者报告他们每周至少去教堂礼拜一次，而具备资格者的这一比例只有 38%。

3）谁使用教育券

表 3-2 显示的是教育券使用者与拒绝使用者的特征统计（Peterson et al.，2002）。

表 3-2　教育券使用者与拒绝使用者的特征统计

特征	拒绝使用者	使用者
母亲接受了"一些大学教育"/%	43	37**
母亲大学毕业/%	23	30**
母亲有全职工作/%	60	51**
在当前社区居住了两年以上/%	79	86**
居住在北方州的黑人/%	28	26
居住在南方州的黑人/%	23	13**
西班牙后裔/%	17	13*
天主教信徒/%	24	31**
"来世"基督教徒/%	41	39
每周参加宗教服务至少一次及以上/%	65	74**
儿童有学习障碍/%	14	12
家庭收入/美元	22110	23854**
平均家庭孩子数/个	1.75	1.62**
私立学校的市场份额/%	12	13**
当地学校的种族构成（黑人百分比）/%	38	33**
样本数/个	1146~1187	469~492

* 5%显著
** 1%显著

通过比较可知，教育券使用者的母亲少有可能接受"一些大学教育"，而更有可能是已经从大学毕业的。家庭中有全职工作的母亲选择使用教育券的比例较小，且这些家庭中的很大比例已经在目前社区至少居住了两年。教育券使用者中南方黑人及西班牙后裔的比例也比较小，而在天主教信徒及经常去教堂礼拜的人中这个比例要高些。教育券使用者的家庭收入要比那些拒绝使用者稍微高些，并且他们的家庭规模要小些。教育券使用者比拒绝使用者有稍微小些的私立学校市场。在本地学校中，教育券使用者中非洲后裔也有较低的比例，与因家庭使用教育券而避开少数民族占主体的学校的担心相反。

3.2.3.3　美国儿童奖学基金教育券对公立学校与私立学校的影响

默（Moe）的研究得出，在现存政策下大规模实行教育券的最显著结果是急剧地减少公共部门与私人部门间的社会构成差异，特别是，两部门间的种族悬殊将减少（Peterson et al.，2002）。儿童奖学基金报告显示，在 2000 年，公立学校与私立学校之间有明显的社会代沟，私立学校的学生不像公立学校的学生那样更多的是黑人及西班牙后裔，或者更多的具有学习障碍。黑人及西班牙后裔在收到教育券时少有可能像白人那样使用教育券，在教育成就方面区别特别明显。令人吃惊的是，样本中私立学校的学生少有像公立学校的学生那样生活在双亲家庭中。但是有证据显示，很少有理由相信教育券将服务于社会优势群体。事实上，任何学生使用教育券进入私立学校都将有助于明显地减少这些差异。

此外，在有关成绩方面，目前还没有研究证明为什么教育券项目显得仅对非洲后裔学生有益，而其他民族的学生却没有在成绩上有所进步。其他地方的相关研究也显示类似的结果。可能在评价教育券的产出（成绩）时，当地学校的条件也是应该考虑的影响因素（Michael et al.，2002）。

教育券的设计理念一般有四个目标：选择的自由、生产有效性、公平、社会融合。但这些目标可能互相冲突，因此在设计教育券时应考虑它们最终各自之间的抵消作用（Belfield et al.，2004）。一类教育券计划可能与另一类教育券计划在自由选择、效率性、公平及社会融合方面的考虑或影响不同，如为公平目的设计的教育券将使各个教育群体有公平接受教育的机会及比较公平的教育结果。实际上，现行的无论是政府资助的，还是像儿童奖学基金这样由私人资金资助的教育券计划，在关注选择自由的同时，更多的是关注对低收入家庭择校的一种补偿，起到调节教育公平的作用。尽管有教师工会等单位反对教育券的实施，认为存在某些狭隘利益集团，使用一股强大的力量或势力左右教育政策；认为这些集团为了追求利润可能不顾及教育产出，私人资金资助的教育券背后隐藏着一些不可告人的意图。但也存在其他的诸多争议，从儿童奖学基金教育券及其他类型的教育券在美国及全球范围内的实施来看，都有一种注重资助低收入家庭学生以实现教育公平的倾向，而不是按弗里德曼所设想的那样——发行普通的每个学生都能用的教育券，即现在所实行的是一种慈善式的教育券（Gillespie，2005）。

所以可以说现行的教育券有一种教育公平的重要价值取向，尽管它设计的初衷是在配置公共教育资源与配置私人教育资源时能起到平衡效率与公平的杠杆作用（Shen，2005）。

3.2.4　美国公共资金资助的教育券计划

3.2.4.1　美国公共教育券计划的形式

根据美国教育券理论与实践的实际状况，现有 9 个州共 11 项公共教育券项目，按资助对象分，这些教育券又有 4 种形式，如表 3-3 所示（夏焰等，2011）。

表 3-3　美国教育券计划的形式

序号	形式	项目	资助对象	起始时间
1	通用教育券	俄亥俄州克利夫兰市奖学金和补助金计划	所有学生	1996～1997 学年至今
2	城镇教育券	佛蒙特州城镇学费计划	没有公立学校城镇的学生	1869 年至今
3		缅因州城镇学费计划	没有公立学校城镇的学生	1873 年至今

续表

序号	形式	项目	资助对象	起始时间
4	特殊教育券	佐治亚州特需奖学金计划	残疾学生	2007 年至今
5		犹他州卡森史密斯特需奖学金计划基金	残疾学生	2005～2006 学年至今
6		俄亥俄州自闭症学生奖学金计划	3～21 岁的自闭症学生	2004 年春季至今
7		佛罗里达州麦凯奖学金	残疾学生	1999 年试点，2000～2001 学年开始全州推行
8	弱势学生券	路易斯安那州卓越教育奖学金计划	F 级公立学校的学生	2009 年至今
9		威斯康星州密沃尔基县家长择校计划	低收入家庭学生	1990～1991 学年至今
10		俄亥俄州教育选择奖学金计划	F 级公立学校的学生	2006～2007 学年至今
11		华盛顿特区机会奖学金计划	低收入家庭学生	2004～2005 学年开始,2009 年后不再接受新的申请

注：F 级表示学校办学质量评级为最后一级

如表 3-3 所示，这 4 种教育券形式分别为：

①通用教育券（Universal Voucher Programs）：教育券实施范围内所有儿童都适用。

②城镇教育券（Town Tuitioning Programs）：学生生活的城镇没有其相应年级的公立学校，学生可申请的教育券。

③特殊教育券（Special-Education Voucher Programs）：该种教育券适用于被确认为有特殊教育需要的学生，通常指的是残疾学生。

④弱势学生券（Disadvantaged Student Voucher Programs）：该种教育券适用于出身贫穷家庭或就读于落后学校（failing schools）的学生。

3.2.4.2　美国公共教育券计划的内容

1）通用教育券

俄亥俄州克利夫兰市奖学金和补助金计划（Cleveland Scholarship and Tutoring Program）是唯一对申请学生不设限制条件的教育券项目。所有 K-8 年级的学生都有资格申请，申请到的教育券直到 12 年级都有效。家庭收入低于联邦贫困线 200%

的学生，教育券金额等于学费的 90%；家庭收入高于联邦贫困线 200% 的，等于学费的 75%。教育券最大面值不超过 3105 美元，家长必须补足教育券不足部分的学费，或者在学校中参加同等时间的志愿服务。当申请人多于学校招生名额时，私立学校必须以抽签的方式确定录取人员，低于贫困线 200% 的学生具有优先权。参与计划的学校每班至少应有 10 名教育券使用者，或者全校不少于 25 名教育券使用者。学校不得有种族、宗教歧视，不能宣扬仇恨和破坏国家法律。学校必须在州教育部门注册，达到基本的注册要求，符合俄亥俄州非公立特许学校的基本标准（Friedman Foundation for Educational Choice，2010）。

2）城镇教育券

设立于 1869 年的佛蒙特州城镇学费支付计划（Town Tuitioning Program）和设立于 1873 年的缅因州城镇学费支付计划是美国历史上最早的教育券项目。在这两个州，有许多边远或微小城镇，这些城镇的 K-12 公立教育系统很不完备。为了解决这个问题，这两个州规定凡是没有公立学校或相应年级的城镇，学生可以就读于其他城镇或者外州的学校，送出城镇直接给接收学校支付学费。城镇教育券的金额一般根据所就读学区的实际学费或者生均教育成本计算，不足部分需家长自费。如在佛蒙特州，就读异地公立学校的学生的可使用教育券金额等于接收学区的生均教育成本，而就读私立学校的学生的可使用教育券金额等于该州私立学校联盟公布的平均学费。在缅因州，就读公立学校按照公立学校学费额度计算教育券金额，私立学校教育券金额等于前一年州生均教育成本加保险费用。大部分城镇允许家长自由选择学校，也有的地方把学生集中安排在一所学校。城镇教育券可用于公立或者私立学校，但不能用于教会学校。参与计划的私立学校要符合州政府私立学校设立和办学标准，必须遵守国家相关反歧视法规。缅因州还规定接受教育券学生较多的私立学校必须采用全州统一的标准化考试（Friedman Foundation for Educational Choice，2010）。

3）特殊教育券

特殊教育券的资助对象是残疾学生，旨在帮助他们通过公立学校或者私立学校获得符合其特殊需要的教育服务。此类教育券包括佛罗里达州麦凯奖学金计划（McKay Scholarship Program）、佐治亚州特需奖学金计划（Special Needs Scholarships）、俄亥俄州自闭症学生奖学金计划（Autism Scholarship Program）、犹他州卡森史密斯特需奖学金计划（Carson Smith Special Needs Scholarship Program）。

在佛罗里达州和佐治亚州，如果残疾儿童的家长对所在公立学校不满意，可申请教育券资助，借此选择就读私立学校或者其他公立学校。但前提是儿童的残疾类型在《美国残疾人法案》（Americans with Disabilities Act）的个别化教育计划（Individualized Education Programs）的受助范围内，并且至少已经在公立学校学习了一年时间。教育券的金额，因每位儿童的残疾状况而异，主要依据公立学校的教育成本核算，因此通常低于私立学校学费和杂费总额，不足部分应由残疾儿童家庭补足。

俄亥俄州自闭症学生奖学金的资助对象是3～21岁的自闭症患者，他们可以凭借教育券从私人机构或者私立学校购买教育，这些机构或学校随后找政府报销。此外，自闭症学生奖学金只能用来购买个别化教育计划中载明的教育项目，参与计划的残疾学生必须在公立学校登记学籍。

卡森史密斯特需奖学金计划的资助对象是公立学校的残疾学生，该计划旨在帮助原公立学校的残疾学生就读条件更好的私立学校，但正在私立学校就读的残疾学生可优先申请。教育券的金额根据州学生加权计数单位（the state's weighted pupil unit）计算，学生加权计数单位是该州教育拨款公式中的一项指标。每天接受超过3个小时特殊教育服务的学生，可以得到2.5个单位的拨款，少于3小时，按1.5个单位计算。教育券金额不得超过私立学校实际学杂费。

特殊教育券对参与计划的私立学校设置了非常严格的标准。私立学校必须符合专业机构设置标准、财务状况稳定、不能违反相关反歧视法律法规、符合学校卫生和安全规程。私立学校的教师必须是大学本科毕业，具有学士学位、三年工作经验和相关职业资质。佛罗里达州和佐治亚州规定私立学校要有运行了一年的特殊教育项目，至少有一名教师有特殊教育资质（Friedman Foundation for Educational Choice，2010）。

4）弱势学生教育券

弱势学生教育券分为两种，一是资助贫困家庭的学生，二是资助那些就读 F 级学校的学生。前者包括密沃尔基家长择校计划（Parental Choice Program）和华盛顿特区机会奖学金计划（Opportunity Scholarship Program），后者包括路易斯安那州 2008 年开始实施的卓越教育奖学金计划（Student Scholarships for Educational Excellence Program）和俄亥俄州教育选择奖学金计划（Educational Choice Scholarship Pilot Program）。

（1）资助贫困家庭学生的教育券

密沃尔基家长择校计划是美国规模最大的教育券计划之一。家庭收入不超过联邦贫困线175%的学生就有资格申请。教育券金额不得超出私立学校包括运营和借贷成本在内的生均教育成本。如果申请人数超过私立学校的录取名额，应按随机抽取方式确定招生。参加计划的私立学校必须遵守州私立学校法律，遵守州财务会计准则，进行独立审计，符合卫生和健康准则，遵守民权法，等等。此外，就读教会学校的教育券使用者不得参加宗教课程。

华盛顿特区机会奖学金计划是一项为期 5 年的试点方案，是第一项由美国国会立法通过、美国教育部直接监管的教育券计划，华盛顿奖学金基金会（The Washington Scholarship Fund）负责日常管理。申请家庭的收入水平不能高于联邦贫困线的185%，接受免费和低价午餐的家庭都有申请资格。每份教育券金额最高可以达到 7500 美元，可用于支付学费、杂费和交通费。参与计划的学校必须在华盛顿特区，每年还必须向国会报告教育券经费的使用情况。

（2）资助 F 级学校学生的教育券

路易斯安那州卓越教育奖学金计划规定，参与计划的学生：①家庭收入不能高于邦贫困线的250%；②必须符合接受免费和低价午餐的条件；③学前班学生或者所在学校上年评估不合格(F 级)；④K-4 年级学生；⑤在学区存在"学术危机"，学校被州接管，并且所在教区人口不少于 47.5 万。参与计划的学校必须：①有至少三年办学经验；②除教育券外不得另外收费；③按公立学校的要求举行标准化考试；④由州教育委员会负责审核并核准；⑤不能存在种族歧视问题；⑥要接收所有申请学生；如果申请人数多于录取名额，可采用抽签方式决定；⑦提交由州立法审计机构核准的注册会计师出具的财务审计报告。

俄亥俄州教育选择奖学金计划旨在帮助那些在过去三年内两次被评为 F 级公立学校的学生，克利夫兰市的教育券使用者不能再申请。K-8 年级学生的教育券金额不超过 4250 美元，9～12 年级教育券金额不超过 5000 美元，也不能超过私立学校实际的学费和杂费总额。家庭收入超过联邦贫困线 200% 的学生，学校可要求支付更多学费（或者要求家长参与学校同等时间的志愿服务），但是如果低于 200%，学校必须接受教育券作为全部学费（Friedman Foundation for Educational Choice，2010）。

3.2.4.3　美国公共教育券计划的特点

基于历史的原因，美国 K-12 教育经费由地方财产税支撑。由于社区税基和拨款意愿的不同，不同学区的教育支出水平差距很大。富裕家庭的学生可选择就读质量较好的私立学校，而低收入家庭的孩子只能就近入读公立学校（Luengo-Prado et al.，2003）。随着美国择校运动的发展，教育券计划逐渐形成两个主流的政策目标：①教育政策应体现民主价值并最大化地减少制度性不公；②给低收入家庭提供自由行使择校权利的机会（Jamie，2003）。美国教育券计划最大的特点不在于其把市场机制引入教育经费分配，而在于其有效利用公共财政经费关爱弱势群体和保护教育公平，这一点与弗里德曼完全市场竞争机制原意相去甚远。

1）私立学校的作用在于补充而不是竞争

弗里德曼在提出教育券概念时就指出，竞争性机构在满足消费者需求时会比国有机构更有效率，政府在提供教育上的作用应该限于"确保学校满足一定基本标准"，如基本核心课程（Friedman et al.，1963）。但是实际上，私立学校在教育券计划中的作用，不仅有助于提高教育经费使用效率，更重要的是私立学校补充了公立学校系统的不足。如针对残疾学生的特殊教育券，由于设备和师资的局限，以及公立学校必须保持整齐划一的课程设置和授课进程,残疾学生往往在公立学校中得不到合适的教育,而私立学校正好填补了公立学校这个空白。截至 2009年,在美国现行的 11 项公共教育券计划中,据不完全统计,参与的私立学校有1837 所,共接纳了 73 612 名学生,见表 3-4。如果没有私立学校的参与,美国各州的教育券计划不可能获得如此成功。

表 3-4　参与教育券计划的私立学校和学生数量

项目	学生数量/人	私立学校数量/个	年份
华盛顿特区机会奖学金计划	1 715	49	2008~2009
佛罗里达州麦凯奖学金计划	20 530	897	2009
佐治亚州特需奖学金计划	1 596	145	2009
路易斯安那州卓越教育奖学金计划	1 248	31	2009
缅因州城镇学费计划	8 287	—	2009
俄亥俄州自闭症学生奖学金计划	1 300	198	2009
俄亥俄州克利夫兰市奖学金和补助金计划	6 272	40	2009
俄亥俄州教育选择奖学金计划	12 685	305	2009~2010
犹他州卡森史密斯特需奖学金计划	565	45	2009
佛蒙特州城镇学费计划	—	—	—
威斯康星州密沃尔基县家长择校计划	19 414	127	2009

2)资助对象多为低收入家庭学生和弱势、残疾学生

美国教育券计划给低收入家庭学生提供了更多的择校机会和自由,他们可以通过教育券摆脱环境和教育质量都很差的公立学校,或者在教育券的资助下就读质量较好的私立学校甚至教会学校。而对于残疾学生来说,教育券制度更是弥足珍贵,他们得以获得公立学校没有的更为个性化的教育服务。从美国教育券实践情况来看,实施中的 11 项教育券计划中有 8 项用来资助残疾学生、低收入家庭学生和就读 F 级公立学校的学生;两项教育券计划较好的完善了偏远城镇的公共教育服务系统,为那些没有公立学校城镇的学生提供了公共教育;唯一的通用教育券克利夫兰市奖学金和补助金计划,也明确规定低收入家庭学生可获得更多资助,并且享有优先权。

3）对教育券资助额度和规模进行严格控制

美国教育券计划通常对经费总额或者参加学生总数作出明确规定，通过对经费总额或者学生人数的限定，可有效地控制教育券计划的总体规模，避免因教育券经费额度过大而削弱了对公立学校的资助力度，同时也有效地控制了公共财政负担过于沉重的风险，见表 3-5。

表 3-5   美国教育券 2009 年资助额度及额度限制

项目	资助金额	额度限制
克利夫兰市奖学金和补助金计划	—	3105 美元/生
俄亥俄州教育选择奖学金计划	—	1.4 万名学生
佛蒙特州城镇学费支付计划	—	8430 美元/K-6 年级学生，9645 美元/7～8 年级学生，9773 美元/9～12 年级学生
缅因州城镇学费支付计划	8 039 美元/生	—
路易斯安那州卓越教育奖学金计划	3 919 美元/生	1 000 万美元
威斯康星州密沃尔市基家长择校计划	—	22 500 名学生及 6 442 美元/生
华盛顿特区机会奖学金计划	—	7 500 美元/生
佛罗里达州麦凯奖学金计划	6 519 美元/生	—
佐治亚州特需奖学金计划	6 331 美元/生	5 526 855 美元
俄亥俄州自闭症学生奖学金计划	1.6 万美元/生	2 万美元/生
犹他州卡森史密斯特需奖学金计划	6 442.5 美元/生	350 万美元/生

3.2.4.4   美国公共教育券计划实践中存在的问题

美国公共教育券计划在实践中也遇到不少困难，出现了一些新问题。

第一，接受教育券资助的学生可以用教育券购买公立学校或者私立学校的教育服务，而私立学校中包括众多的教会学校，因此如果学生凭教育券上教会学校的话有违背美国的政教分离的原则，这也是很多州在推行教育券计划时遇到挫折的主要原因之一。

第二，接受教育券资助的学生，在上了私立学校后，他们的成绩并没有比那些仍在公立学校上学的学生的成绩有明显提高。据一项新的研究显示，2002 年美国最高法院批准的克利夫兰市对私立学校资助的教育券计划并没有使其学生在标准化考试中取得比公立学校学生更高的成绩（Anonymous，2003b）。

第三，教育券对私立学校的资助，影响了对公立学校的财政资助和利益。全国学校委员会的执行主任安尼·L.布朗特（Anne L. Bryant）对教育券计划尤为反对，他说道："时间一次又一次地证明教育券计划是在从公立学校中抽走资金，并没有成功地提高学生的成绩，今天，美国参议院再次让美国的学生和纳税人失望。"（Hendrie，2004a）

第四，从接受资助的对象上看，教育券计划并没有充分体现出预期的教育公平。据调查显示，接受教育券资助的学生主要来自白人家庭和拉丁美洲后裔，而那些公立学校的学生更多的是非洲后裔；并且在公立学校里接受教育券资助的学生很少有来自低收入家庭的（Anonymous，2004）。在选择教育券资助对象时用抽签的方法和电脑派位的方法，难以保证真正需要教育券资助的学生得到帮助，因此，也难以保证教育券实施过程中的公平。

第五，教育券计划的实施，模糊了公立学校和私立学校之间的界限，并使私立学校受到一定程度的控制。由于私立学校同样是属于培养人的教育机构，也具有公益性质，教育券计划等择校形式对私立学校的财政资助更加强了这种性质。美国教育部官员说，特许学校（charter schools）是众多择校形式中独一无二的一种，因为"它们是公立学校"；然而一位负责人却说，特许学校比教育券计划对公立学校的威胁还要大，因为特许学校经营者有办法使他们的学校成功地贴上公立学校的标签（Hess，2003）。私立学校在接受教育券等类似的公共财政资助时，政府也加强了对私立学校的控制。如佛罗里达州为接受教育券的私立学校设置了更严厉的措施，要求它们将更多更全面的信息在州里备案，要求它们向州汇报财务审计报表并报告学生的考试成绩（Richard，2003）。

第六，教育券计划使较多相同背景的学生到几乎相同的学校，破坏了学校的多样性。教育券计划即使形成了学校间的多样性，但由于家庭背景相似的儿童集中到特定的学校，学校原有的学生来源的多样性，各种显性和隐性的子文化或亚文化的多样性，各种学习观念、价值观、人生观等在学校中的多样性，却受到了损害。"有多样性的孩子存在的空间，本身就是一种宝贵的教育资源，同时与公共教育存在的理由相联系的话，失去这样的东西意义非同小可。"（金子元久，2004）

3.3　教育券在我国的实践

3.3.1　我国教育券实践简介

作为舶来品，教育券因 2001 年浙江省长兴县的试验而进入公众视野，引起学界广泛讨论，各地纷纷探索肩负各种职能的本土化教育券制度，以期解决深化教育改革过程中遇到的各种困难（杨苗，2006）。在长兴县教育券之后，又分别有湖北省监利县、吉林省长春市和延吉市、四川省成都市等地进行了类似的教育券制度试水，实施效果各异，评论不一而足。

3.3.1.1　浙江省长兴县教育券

2000 年 11 月，长兴县教育考察团在美国考察时了解到了美国的教育券制度，从而引发了长兴县教育局用教育券制度解决长兴县教育问题的想法。2001 年长兴县共发行了四种不同类型的教育券：民办学校（义务教育对象）教育券（面值 500 元），职教学生教育券（面值 300 元），贫困学生教育券（面值 200 元或 300 元），农村技能培训教育券。

3.3.1.2　我国其他地区各类教育券项目

杭州市上城区教师培训券。2003 年，杭州市上城区教育局把师资培训费用改成教师教育券，可在除区教师进修学校、区少年宫等培训机构外的浙江省教育厅认可的合格教师培训机构使用（牟建闽，2004）。

绍兴市流动儿童教育券。2006 年，绍兴县向 6000 名外来人员子女发放免缴杂费教育券，使他们享受到绍兴县籍学生同等待遇，教育券面值为小学生 100 元，初中生 130 元（黄锡云，2007）。

杭州市大学生就业扶困培训券。杭州市政府在2009年发放了1.2亿元教育培训消费券，主要用于大学毕业生中贫困家庭学生的就业技能培训与职业素质培训（周炜等，2009）。

淄博市临淄辛店幼儿教育券。山东省淄博市临淄区辛店街道办事处于2004年率先在山东省推出学前教育券，临淄区政府从2008年开始成为全国第一家区域整体推行幼儿教育券制度的区县。

香港学前教育券。香港学前教育于2007年9月开始实施教育券制度，属于公共资金资助性质，是"排营利性""非排富性"的模式。只要是香港居民，只要是入读非牟利幼儿园的，不论贫富都可享有教育券的福利。政府每年用33亿港元支持该计划（刘正生，2008）。

先锋民办高等教育券。这是国内第一个由民间发起、面向全国的民办高等学校的教育券计划，于2004年由浙江大学教育学院民办教育研究中心、中国教育先锋网联合部分民办高校共同发起，向参与该计划的民办学校当年就读学生中的持券人发放（中国教育和科研计算机网，2004）。

各地中等职业教育券。吉林省延边朝鲜族自治州于2004～2007年向1200名初中应届贫困毕业生发放了面值为1000元的中等职业教育券；长春市从2004年开始连续三年实行教育券制度，已累计发放了1200多万元的职业教育券，使1.2万名家庭贫困的学生获得资助；贵阳市于2005年发放了2000张价值500元面值的中等职业教育券；安徽省芜湖市于2006年对就读职业高中的农村学生发放职业教育券，面值为400元人民币；成都市政府决定从2009年起在成都市实施中等职业教育券，对成都市户籍的初中毕业生就读中等职业学校的一、二年级学生进行资助，面值为1200元，每位学生累计享受两次，当年近9万人受益（沈有禄，2010）。

3.3.2　我国教育券的形式

北京师范大学的冯小霞教授认为教育券有两类："排富性"模式和"无排富性"模式。弗里德曼提出的教育券政策是纯"无排富性"模式，所有适龄儿童可以获得等面额的教育券，自由选择不同收费标准的学校，不足的部分由学生家长自己支付。詹克斯认为教育券应该帮助低收入家庭的学生克服上学的困难，提出了补偿性教育券模型（沈有禄，2004）。

国内的教育券实践均不太符合上述两种及补偿性教育券的形式特征。从资助对象分析，国内的教育券类型大致可分为助学型与助校型两大类型；从教育阶段看，可分为职业教育券、学前教育券、义务教育券（包括高中）、高等教育券；从实施目标来看，可分为发展型教育券、扶困型教育券和应急型教育券。此外，国内的教育券都是由项目拨款形式确定的专项经费，而没有触动与占用原教育财政拨款方式及经费，基本上全部属于临时性的"政策"券。这些教育券的确立及实施依据，大都以政府文件确立，缺少相应的立法支持和法律保障。

3.3.2.1   助学型教育券与助校型教育券

助学型教育券与助校型教育券，简言之就是资助对象是学校还是学生。资助对象是学生就是助学型教育券，相反则是助校型教育券。如浙江省长兴县教育券就是助校型教育券，是对特定学校的一种价格补贴，教育券制度从本质上不同于美国的学券制度（刘晓蔓，2005）。

3.3.2.2   按教育阶段分类的教育券

按教育券使用的教育阶段分类，分为职业教育券、学前教育券、义务教育券（包括高中）、高等教育券，其中有些地方的教育券适应范围包含多个教育阶段。

3.3.2.3   发展型教育券与应急型教育券

从实施教育券的实现目标来看，为了引导社会资金流向及着重发展某一教育阶段或类型学校，可认为是发展型教育券，多数职业教育券都是发展型教育券和助学型教育券。扶困型教育券主要资助对象是贫困或残疾学生，而应急型教育券是为了应对突发自然灾害而实施的助学型教育券。我国教育券具体形式如表3-6所示。

表 3-6　我国教育券的形式一览表

序号	教育券	实施年份	形式
1	浙江省长兴县教育券	2001	助校型、职教型、发展型
2	湖北省监利县教育券	2004	助校型、义务教育型、发展型
3	江苏省淮安市教育券	2003	助学型、义务教育型、应急型
4	山东省沾化县教育券	2004	助学型、义务教育型、扶困型
5	山东省淄博市教育券	2004	助学型、学前型、义务教育型、扶困型
6	贵州省贵阳市教育券	2006	助校型、职教型、发展型
7	浙江省先锋教育券	2005	助校型、高等教育券、发展型
8	吉林省长春市教育券	2004	助学型、职教型、扶困型
9	吉林省延边朝鲜族自治州教育券	2004	助学型、职教型、扶困型
10	四川省成都市教育券	2009	助校型、职教型、发展型
11	浙江省瑞安市教育券	2001	助校型、职教型、发展型
12	安徽省芜湖市教育券	2011	助学型、学前型、扶困型
13	浙江省绍兴县教育券	2010	助学型、义务教育、扶困型
14	浙江省江山市教育券	2004	助校型、义务教育型、发展型
15	浙江省嘉兴市教育券	2003	助学型、义务教育型、扶困型
16	江苏省南京市教育券	2008	助学型、学前教育券、扶困型

注：本表并未涵盖在我国实施的全部教育券制度

3.3.3　我国教育券的内容

　　中国的教育券实践滥觞于浙江省长兴县，但是各地在具体操作中，并不以长兴县为圭臬。各地在制定及实施教育券制度时，往往考虑自身特定情况多于教条于理论及经验，因此在教育券的实施目的、实施主体、资助对象等方面并不一致。

3.3.3.1　实施主体

　　教育券实施主体指的是教育券政策制定、具体操作、资金划拨的相关机构。在我国，教育券制度实施一般局限在市级和县级行政区划内，实施主体一般是相关的教育行政机关，推动力量却来自上级政府。但是也有例外，山东省淄博市的学前教育券最先由辛店街道办负责实施，然后以街道为单位逐渐推广到整个辖区。除了由政府主办的教育券外，由浙江大学教育学院民办教育研究中心、中国教育先锋网联合部分民办高校共同发起的先锋教育券，是国内第一个由民间发起、面向全国的民办高等学校的教育券计划。但是纵观国内的教育券实践，一般都是政府推动，教育行政部门负责实施，由后者以文件或书面通知的形式确定教育券的具体实施措施和办法，如淄博市教育局发布的《关于在全市推广临淄区"幼儿教育券"制度的通知》。

3.3.3.2　资助对象

教育券的资助对象主要有两大类，一类是学校，一类学生，即分别对应助校型教育券和助学型教育券。助校型教育券通常是为了扶持某些特定学校或教育类型发展而出台的资助模式，如浙江省的先锋教育券及多数职业教育券。助学型教育券就是以学生为资助对象的教育券，义务教育券和扶困型教育券通常都是助学型教育券。

3.3.3.3　实施目的

实施教育券分别有促进某一教育层次或教育类型发展，扶持贫困学生、残疾儿童等特定社会弱势群体，以及应对突发自然灾害，等等目的。

发展型教育券是带有中国特色的一类教育券形式，一般职业教育领域的教育券都是以促进发展为目的，发展型教育券一般也是助校型教育券。如我国第一个教育券实践地，浙江省长兴县在实施教育券前，高中阶段存在重普高、轻职高的现象，职高招生难的问题成为长兴县职业教育发展的"瓶颈"，以致初中毕业生升高中段比例、普职招生比（即普通教育招生数与职业教育招生数的比例）均达不到教育强县的要求。在此背景下，也是为了促进全县基础教育的均衡发展，自2001年起，凡报名就读职业类学校的新生可获得面额为300元的教育券（刘丽红，2003）。还有如先锋教育券的目的旨在倡导鼓励支持民办高等教育发展的社会舆论和支持。

一般教育券在具体实施时，都会对资助对象的经济状况做出一定的限定。扶困型教育券是教育扶贫的一种特殊方式，基本上除了职业教育券外，其他教育券包括应急型教育券都要求资助对象必须是贫困、特困、残疾学生。以应急为目的的教育券较为少见，2009 年江苏省淮安市有许多学生因洪灾而面临失学的危险，为了改变以往扶贫助学资金被有些学生家长挪作他用，该市教育部门规定当年及今后筹措来的特困生助学金采取发放教育券的办法。

3.3.4　我国教育券的特点

在我国各地的教育券虽名为"教育券"或者承认源自美国经济学家弗里德曼的思想，但是实践中具有浓厚的中国特色。

3.3.4.1　区域特征明显

我国的教育券改革区域特征非常明显，各地无不根据自身情况和背景来理解和应用教育券理论。浙江省长兴县地处富裕地区，县强民富，教育经费充足，但是当地中等职业教育及民办学校发展滞后，基础教育优质资源缺乏。长兴县教育券并不是为了导入竞争机制，而是为了扶持民办学校和职业教育的发展实施政策上的倾斜，巧妙地用政府的财政改善了社会对于民办学校和职业教育的认知，激发了民办学校和职业学校办学的积极性，从而提高了教育资源的利用效率。但是在一些经济不发达地区实施的教育券方案又迥异于长兴模式，最为明显的如湖北省监利县的教育券实践。正是基于面临的严重财政问题，监利县才采取了一些突破了现行体制和法律政策的措施，如改革义务教育的投入体制、实行所有权与办学权分离及引入市场机制与义务教育卡制度等措施。

3.3.4.2　资金来源渠道广泛

各地教育券的经费多是以专项经费为表现形式的政府财政拨款，但并不挤占原有教育经费或占有比例很小，对既有教育财政拨款模式没有根本性的改变。但也有例外，如湖北省监利县模式和浙江省江山市模式，改革都较为彻底。在江山市，义务教育的事业费不再按教师和学生人数下拨给学校，而是以发放教育券的方式直接落实到每个学生。学校凭回收的教育券与市财政结算经费。公办学校按教育券面额全额补助，民办学校按教育券面额的 50%补助（叶辉等，2006）。还有一种是政府、学校所在地主管部门及民间共同筹资，如山东省的教育券模式，义务教育段贫困学生所免费用，由街道办教育、民政等部门共同筹措解决；鼓励企事业单位、社会团体和个人，以认购教育券的形式捐资助学，逐步建立贫困学生助学教育券基金。而如浙江省先锋教育券模式，则完全通过募集民间资金形成教育券基金。

3.3.5　教育券对我国教育改革的借鉴作用

各地的教育券实践证明，教育券计划在满足学生择校、促进公立学校提高质量、催生教育体制改革、完善助学系统、保障教育公平方等方面往往能起到四两拨千斤的效果（夏焰等，2011）。

3.3.5.1　市场竞争机制的引入有利于教育财政拨款体制的创新

教育券制度通过将教育经费按学生平均数折算后以一定面值的券发放给学生，学生拿到教育券后可以自由择校，学校通过竞争学生手中的教育券从政府财政部门兑换获得相应教育券面值总额的教育经费，这种间接的财政拨款方式是对传统的政府直接向学校拨款的教育投入方式的一次制度性创新，这一做法是解决教育中长期存在的公平与效率问题的一剂有效良方（赵宏斌，2003）。现阶段，在基础教育财政投资中，政府资金投入一直处于短缺状态，是稀缺资源。因此，从教育投资体制来看，一个有效率的投资体制是财政资金和民间资本共同参与的方式。教育券作为教育投资的一个支点，构建了政府和民间资本共同投资的平衡体系。以一定量的教育财政资金吸纳了大量的民间资本投资教育，不仅为受教育者提供了更多的受教育机会，保证了教育公平的实现，而且也提高了教育财政经费的使用效率。

3.3.5.2　教育券计划提高公立学校效能

弗里德曼认为，教育券制度让学生家长用脚"投票"，教育质量较好的学校自然能争取更多的经费。因此，竞争性的教育经费分配方式能促使公立学校积极改善教育质量。哈佛大学经济学家卡罗琳·霍克斯比（Caroline Hoxby）在研究了美国包括教育券计划在内的择校政策后指出，如果把竞争引入公立教育系统，以学生成绩为指标的教育效能将提高 28%（Hendrie，2001）。密沃尔基市教育券在开始阶段不允许教会学校参与，1998 年，威斯康星州高等法院裁决教会学校参加教育券计划合法。密沃尔基市教育券在 1998 年前后的最大变化就是，此前申请私立学校的学生大大多于私立学校能够提供的录取名额，此后随着择校范围的扩大，择校学生数量也随之增加，这意味着教育券拨款机制的竞争性大大提高了。研究证实，1998 年以后密沃尔基公立学校的教育效能明显提高了。即对于教育券计划来说，竞争越充分，公立学校的效能提高越明显（Chakrabarti，2008）。

3.3.5.3　有助于学校间展开竞争，提高教育质量，满足家长择校需求

教育券制度实行的初衷是为了扩大家长的选择权，将竞争引入公立学校，促进教育市场化，并通过对贫困学生的资助保证合理的教育公平。教育券的发放改变了传统的政府直接拨款支持教育的作法，通过学校对学生手中教育券的竞争，学校间必然展开激烈的竞争，而这种竞争有利于教育质量的提高。这也使学校在管理过程中不得不重新定位其工作，不仅要考虑处理好与外部如中央和地方政府、学区间的关系；而且还要充分重视学生、家长的需求和权利，他们在学校的内部管理机制中占有重要的位置。这样，公立学校和私立学校在竞争中发展，通过提供更优质的教育服务满足家长的择校需求。

3.3.5.4　有利于建立我国良好的教育治理结构

过去人们选择公立学校是在社会民主建立的基础观念下，一直把教育看作是国家的责任，并认为学校应理所当然地国有化。为了避免政府"资助者"和"提供者"两种身份在教育中二合一，将竞争引入学校以消除"垄断"和"官僚"就是一种有效的方式。这种竞争观念和市场观念要求在择校制度中，注重消费者的

权益，在教育上通过市场将过去就近入学的行政权力性规定改变为学生家长按需要自主择校的市场权力选择。在公立学校和私立学校中引入市场竞争机制，通过教育券等机制、手段间接调控教育市场微观主体的活动，并让市场在教育资源配置中起到基础性的作用，让学生家长和学校都参与其中，改变过去国家一揽子包干的局面，扩大家长、学校的自主权和自由选择权，实现教育资源配置主体多元化，让学校、学生家长在资源配置中发挥主体地位（周玲，1999）。此举无疑有利于良好的教育治理结构的形成。

在多权力中心的构建中，政府在教育治理中的核心任务在于权力的转移与重新分配，制定与其他社会单元合作的规则并执行，与社会组织和个人之间结成长久的伙伴关系。政府应当从"既掌舵又划桨"转变成"掌舵而不划桨"（盛冰，2003）。

3.3.5.5　吸引民间资本促进民办教育的发展

我国实施的教育券制度，基本上不触动既有教育财政拨款模式，成为现有财政拨款的一项重要补充。浙江省江山市自实施教育券以来，已吸引民间资金3亿多元投入教育事业，民办学校涵盖幼儿教育、义务教育、高中段教育和成人培训等各个层面，并培养壮大了一批规模较大的民办学校（衢州新闻网，2007）；多渠道筹集资金，吸引了更多的民间资本投入教育，有力地促进了当地教育的快速发展。

通过对私立学校的政府财政资助，有助于扶持我国民办教育的发展。我国民办教育长期以来处于弱势地位，这与没有政府的财政支持有关。教育券制度将政府教育财政投入中的一部分用于支持私立学校，有利于我国民办教育与公立教育的经费起点公平的竞争。

另外，通过私校公助，还能引发人们对"什么是公立"和"什么是私立"的重新思考（曾晓洁等，1999）。任何学校只要它服务于公共利益并对公共机构承担最终的责任，就应该获得公共教育经费的资助，在这一定义之下它便可以贴上"公立"的标签。这种将公共税款适当投入私立教育机构，"权"与"钱"在公立、私立学校与公立、私立机构间的一定程度上的自由流动与转移，正是教育制度重建目标中的"竞争机制"的体现。

3.3.5.6　"双轨制度变迁"保证教育券制度在中国的广泛实施

教育券在我国的实践，不能仅是对西方模式简单的"拿来"，而应该根据我国的实际情况，依据已有的经济实力和教育规模及政治、经济、文化等制度条件渐进地实行。具体来说就是地方政府（地方教育行政主管部门等）因地制宜，在教育券制度预期收益的驱使下，推行"诱致性制度变迁"，由实验到推广，由点到面地展开；最后国家从宏观制度层面上通过立法等强制性制度建设推行"强制性制度变迁"来保障先前的成果，为未来的发展创建更好的制度环境。这时，可将教育券的实践范围推广到更多的领域，如从基础教育到中等教育，再到高等教育；从通识教育到职业教育，再到成人教育；从东部地区到中部地区，再到西部地区；从对学生的资助到对教师的资助；从对再就业工人的资助到对培训人员的资助等。

另外，由于学生家长和学校的选择建立在一定的经济和文化基础之上，选择学费较高的私立学校既要有坚强的经济基础作后盾，同时家长还要对各学校的质量信息等有全面、及时的了解，否则选择将是盲目的和不科学的。为此，当前政府应加强在对学校评估和提供及时、准确的信息等方面的建设步伐，通过各种中介组织为社会提供尽可能多和翔实的教育需求、选择等方面的信息，改变学生及家长所处的信息劣势与信息不对称地位，从而帮助学生和家长更好地择校和购买教育服务。

3.3.5.7　支持职业教育及民办学校，促进教育均衡发展

教育券的实施对调整当地的中等职业教育与普通高中的招生和在校生规模及比例上起到了积极的促进作用，并对民办学校的投入资助，对职业教育与普通教育、公办教育与民办教育在规模与结构上的调整起到了一定的均衡作用。长兴县教育券主要用于为民办教育、职业教育、贫困助学金提供资助，取得了一定的社

会效益，职业教育招生形势有了较大改观，普通教育、职业教育得到了协调发展。瑞安市于 2011 年开始实施职业教育券，当年大多数职业学校的招生人数较上年都有较大幅度的增加。民办高中招生占高中阶段总招生数的 27%，比上年增加了 8 个百分点；初中毕业生升高中率达 80.1%，比上年猛增 10 个百分点；普通高中与职业高中的招生数比例由原来的 1.5∶1 下降到接近 1∶1（温州新闻网，2011）。

3.3.5.8 对贫困、残疾等弱势学生的资助，维护了教育公平

各地的教育券在具体实施时，多强调对贫困、残疾等弱势学生的资助。例如，南京市 2008 年开始实施的幼儿教育券的适用范围，就是具有南京市户籍的城乡最低生活保障家庭、低收入纯农户家庭和特困职工家庭在园就读幼儿、孤残幼儿、革命烈士或因工牺牲军人（警察）子女，少数民族家庭经济困难子女（陈瑞昌等，2008）。根据《长兴县教育局关于教育券使用办法的通知》，自 2001 年起凡就读民办学校义务教育阶段的新生可获得一张面额为 500 元的教育券。这种不管学生就读公办还是民办学校都能享受政府教育补贴的做法，让老百姓真正感受到了教育的公平性，是一种重要的政策导向（贺武华，2010）。

3.3.5.9 对办学主体的资质要求，形成良好的教育市场环境

教育券通过制度规约，有利于发展壮大正规优质教育资源，淘汰社会上一些劣质非正规学校，形成"良币驱逐劣币"的良好的教育市场环境。如南京市幼儿教育券就规定要每年对接受资助的幼儿园进行审核，符合资质要求的予以公示，否则将不再纳入教育券资助范围。通过资质审核、公示、提供资助等措施，引导家长选择正规学校，逐渐淘汰那些资质条件不充分的学校，也促使那些暂时不符合标准的学校努力改进以符合条件，形成良好的市场发展环境（夏焰等，2012）。

3.4 教育券在其他国家的实践简介

教育券虽起源于美国，但在世界其他国家也得到了较大范围的实践。

智利于 1980 年开始实施由公共经费资助的政府教育券政策,覆盖全国所有的公立学校和部分私立中小学(周琴,2007)。智利的教育券计划几乎符合弗里德曼提出的全部条件:充足的津贴;在所有的大城市实行,不论是中产阶级还是贫困家庭都能够申请;解除管制的私立学校同解除管制的公立学校为争夺学生产生正面的竞争。但是智利教育券也带来一些不利影响,如中产阶级和上层社会的学生是教育券计划的主要受益人,下层学生学习成绩恶化,私立资助学校吸收了更优秀的学生,贫穷的学生不可能进入私立资助学校,因此其教育券计划离教育公平还有一段距离(郝艳青,2003)。

哥伦比亚于 20 世纪 90 年代实施教育券计划,体现出鲜明的"限制性"和"排富性"的特征,使用教育券的学生必须来自低收入家庭,取得了一定的积极效果,如能有效地鼓励私立教育机构分担国家基础教育的负担,相对于自上而下的拨款制度更能保证私立学校的相对独立性,发挥民间办学的积极性,让更多的家长关心教育、支持教育(祝怀新等,2003)。

澳大利亚自 20 世纪 80 年代末便有了对教育券制度的初步设想,1998 年,西部委员会设计了一项旨在为所有澳大利亚人创设更多接受高等教育和继续教育机会的拨款体制,每个澳大利亚人将会得到一张等值于高等教育经费 80% 的政府教育券(阙海宝等,2005)。

瑞典于 1992 年开始正式推行教育券计划,使瑞典国内教育市场变得富有活力和潜力,也使瑞典基础教育在世界范围内变得富有竞争力(林炊利,2011)。

芬兰实行了 5 种模式的教育券。各院校只能通过教育券得到政府拨款;只有当学生选择离家远的大学才能获得教育券;只有小部分的政府拨款通过教育券的形式发放,逐渐地将现存的拨款体系改变为教育券拨款体系;每个芬兰人在生日时会得到一定量的高等教育券(阙海宝等,2005)。

印度的非政府组织公民社会中心也推出了教育券项目,学生可以上公立学校,也可以上私立学校。申请者有 12 万人,但发出的教育券只有 400 多张,可谓杯水车薪,并不能完全解决问题。但这么多人申请,说明教育券非常受欢迎,对政府改变拨款方式是一种压力(茅于轼,2003)。

总之，在很多国家，教育券作为一种非传统的教育公共资助模式，其影响力开始由义务教育领域向高等教育领域渗透，其意义在于它非常有助于构建以教育需求方为轴心的高等教育系统，迫使教育供给方必须满足学生的需求，使政府认识到教育券可以作为弥补高等教育市场化缺陷的一种新的政策工具（陈立，2004）。此外，张璇（2003）对国际高等教育中的教育券拨款机制进行分析后提出了建立以教育券拨款机制为主的混合资助体的建议，既充分考虑了学生的需求，也有助于提高资源使用效率和办学质量，是今后高等教育领域改革的方向。

4 教育券：争议与价值——教育资源配置的效率与公平杠杆

在美国，教育券，尤其是公共资金资助的教育券计划，因涉及用公共资金资助私立（宗教机构资助）学校，而有政教不分之嫌疑，因此颇具有争议性。但是另一方面，教育券无论是对公共教育资金的配置，还是对私人教育资金的配置，都有很强的调节教育公平的价值取向，并且能在效率与公平之间达到平衡的作用，因此可以说教育券是教育资源配置的效率与公平杠杆。

4.1 美国公共资金资助的教育券计划的合乎宪法性争议

由州政府或联邦政府资金资助的教育券在实施中遇到了合乎宪法性的挑战，因为美国宪法第一修正案中的政教分离原则不允许公共资金资助宗教机构及其活动。

4.1.1 美国宪法第一修正案与政教分离原则

"国会尊重宗教建立自由，不能立法限制或禁止人们的宗教信仰……"这是美国联邦宪法第一修正案的主要内容。其中最主要的一条就是政教分离原则，即为了确保绝对的宗教自由，美国创立者要求严格的政教分离，政府在促进、为宗教机构资助或背书方面几乎不起任何作用，宗教有不受政府控制的自由，政府不干预人们的宗教信仰多样性，等等（Anti-Defamation League，2002）。联邦宪法第一修正案也可以称为布莱恩修正案，它是以 19 世纪的圣·詹姆斯·布莱恩（Sen. James Blaine）的名字命名的。布莱恩最初提出了一项联邦修正案以阻止政府资助宗教学校，该修正案旨在保持这个国家公立教育的新教本质，并拒绝用公共资金资助罗马天主教提出的对其教会学校进行资助的要求。这项联邦修正案虽然遭到挫败，但是很多州采纳了这一尺度。而州宪法又是根据联邦宪法制定的，所以在州宪法第一修正案中的政教分离原则几乎采取的就是布莱恩修正案的提议，许多州在解释其州宪法中关于政教分离条款时要比联邦宪法对这一条款的解释更为严格（Barbara，2003）。

4.1.2 现行公共教育券计划的合乎宪法性争议

最近，教育券的使用引发了很多关于其政治的、社会的、经济的、合乎宪法性的影响的争议。从佛罗里达州的新教育券计划到总统的政治辩论，教育券仍然是当前最具争议的话题。教育券这个概念早在米尔顿·弗里德曼的思想里就有体现，也不是什么新的观点。弗里德曼的教育券是设计出来提供给学生的一定固定面值的货币券，用于学生每年择校时抵挡部分或全部学费费用，其假设背后的逻辑是学校为择校学生的学费展开竞争将提高教育水平（The Controversial School Voucher Issue，2003）。因为，父母选择最好的学习环境（一般是那些宗教私立学校或宗教学校）将使孩子们学得更好，成长为富有生产性的美国公民。这将提高公立学校质量并为孩子们上大学做更好的准备，有助于公平，有助于授权，有助于所有的父母为所有的孩子增加选择机会[①]。

然而，由于公共教育券计划涉及用纳税人的钱来资助学生上宗教私立学校或宗教学校，引起了美国公众的争议。

4.1.2.1 支持公共教育券计划者观点

全国教育改革中心及弗里德曼基金会是公共教育券计划的主要支持者。以密尔沃基市教育券计划为例。1998 年 11 月 9 日，美国联邦最高法院拒绝复议威斯康星州最高法院支持密尔沃基市教育券计划的判决。这个计划为低收入家庭孩子提供学费教育券，无论他们是选择上宗教私立学校还是非宗教的私立学校，这一做法并没有违背美国联邦宪法中对"尊重宗教建立"条款的规定。因为密尔沃基市教育券计划很容易满足以下每一项要求。首先，密尔沃基市教育券计划是在中

[①] 资料来源：弗里德曼基金会（Milton Friedman Foundation）网站。

立的标准上提供教育券的，它既不支持宗教也不反对宗教。正如威斯康星州最高法院所说，"资助是在不具歧视的基础上的，宗教受益人可得，非宗教受益人也可得"。其次，"资助流向任何宗教学校并不是由政府决定的结果，而是众多的学龄父母为学生选择私立学校所致"。再次，密尔沃基市教育券计划没有为选择宗教教育提供激励，也没有改变某人的宗教习惯，因为无论是学生倾向于追求宗教教育还是非宗教教育都可能获得资助，而且该计划也没有为选择宗教学校的学生提供更多的资助。总之，如威斯康星州最高法院判决的那样，密尔沃基教育券计划"在宗教中立的立场上为经济弱势家庭提供了直接的中立的资助收益"。正因为如此，该计划"没有违背法院通常用来评估是否州政府的教育资助项目有促进宗教的目的的最主要的三条标准"（Lewin，1999）。

这一胜利的结果是，密尔沃基市教育券计划得以继续为内陆城市的低收入家庭提供教育选择机会。让我们期望这个很有根据的观点（判决）能为其他类似的面临合乎宪法性挑战的教育券的司法判决提供权威的官方支持（Lewin，1999）。另外，支持公共教育券计划者认为教育券有平衡教育支付能力的潜力。教育券实施以前，只有中高收入家庭的孩子能逃离失败的公立学校去上郊区更好的学校，而低收入家庭孩子只能被迫留在市区里的学校。教育券以公共教育体系生均经费的学费资助将使市区的贫困家庭也能进入教育市场中进行选择，接受更好的教育。

此外，教育券最终将提高公立学校教育质量。卡罗琳·霍克斯比研究了全国学区间的竞争，发现在私立学校与公立学校存在激烈竞争的地方，公立和私立学校都运转良好，教育质量得以提升；在那些必须通过竞争进入私立学校且择校成本较低的地方的学生，在全国考试中的成绩也要高于那些竞争少的地方的学生。例如，8 年级学生的阅读成绩要高于全国平均水平 2.5 个百分点，数学成绩要高3.7 个百分点（Matt et al.，2002）。

最后，是教育券使用者自己决定选择上宗教学校或宗教私立学校或公立学校，而不是政府替他们做出的选择，也不是政府强迫他们选择宗教教育结构，所以从这点上说，公共教育券项目根本没有违宪。

4.1.2.2 反对公共教育券计划者观点

教师及教师工会、全国教育联合会、公共学校群体如学校管理者等是坚决反对公共教育券计划的，即反对用公共资金资助私立学校学费。因为用于教育券的资金会与用于改进美国公立学校的运营资金相竞争，即私立学校学费教育券把本应该投入公立学校的资金给挤走了，所以他们尤其反对此类项目（National education association，2005）。例如，克利夫兰市教育券计划在第一年就抽走了 525 万美元，作为州里对该计划的资助（Michael et al.，2001）。仅对者认为美国人在为他们所选择的宗教群体捐赠时是自由的，但是，教育券因强迫纳税人为宗教教育背书而违背了这一原则。通常，宗教学校将强化宗教信条，在如同性恋、妇女在社会中的地位及生殖自由等问题上站在具有争议的立场。纳税人不应该为他们可能不太同意的宗教信仰的扩散提供资助。所有的宗教项目包括宗教学校都应该通过教会成员的自愿捐赠获得资助（Americans United，2005）。

美国大约有 85% 的私立学校是宗教学校，而教育券又倾向于有绕过宪法禁止资助宗教活动与教育的规定之嫌。每年约 6500 万美元通过基金会或个人资助教育券，在选举年，教育券倡导者花更多的钱来支持倡导教育券的候选人。从米尔顿·弗里德曼的首次倡导，到罗纳德·里根的学费税收减免，再到加利福尼亚州、科罗拉多州等的教育券提案，私有化策略就是要资助私立学校的学生的学费而不扩展低收入家庭孩子的机会（National education association，2005）。

另外，克利夫兰市教育券计划于 2001 年资助的 4195 名学生中超过 96% 的学生选择了私立宗教学校，因为 46 所宗教学校及 10 所非宗教学校接受使用教育券的学生。持反对意见的法官大卫·稍特（David Souter）声称，因为克利夫兰市 82% 的学校都是宗教学校，所以使用教育券的学生是被强迫选择宗教学校的（Matt et al.，2002）。

4.1.3   公共教育券计划合乎宪法性争议的法院判决

4.1.3.1   法院判决的两面性

在学校资助案例上的判决显示出明显的宪法性两面性。在以 1947 年的艾弗逊诉教育管理局案（Everson vs. Board of Education）为开始的早些案例中，最高法院关注的是提供资助的内容并质问是否存在争议的资助在本质上是非宗教的。如在 20 世纪 70 年代与 80 年代，法院的判决显示出其对宗教学校的怀疑增加，开始质问是否非宗教的资助可能有促进宗教的潜在影响，或者有政府为宗教背书的表象。即关于教育券计划的合乎宪法性的判决上，对宗教机构给予什么样的公共资助及如何提供公共资助变成了具有决定性的议题；以及一个世纪以前的一系列案子，最高法院关于第一修正案的"建立条款"规定挫败了通过运用财政资金资助宗教学校的学生的各种企图。

然而，后期最高法院的判决却显示出法院对这些（宗教学校的）学生的需要及权利更多的同情。如 1983 年的穆勒诉艾伦案（Mueller vs. Allen），法院支持明尼苏达州为教育开支的税收减免，强调无论孩子上公立学校、私立学校还是宗教学校，其父母都能获得税收减免。1986 年的威特斯诉华盛顿盲人管理局案（Witters vs. Washington Dept. of Services for the Blind），法院允许一盲人学生使用公共资助的拨款上宗教学校，他的残障使他获得公共资助完全是以中立的、非宗教的标准为基础。在所有的这些案例中，法院强调的是由私人做出决定，而不是政府做出决定，来使用公共资助上宗教学校（Lewin，1999）。

4.1.3.2   联邦最高法院判决支持克利夫兰市公共教育券计划不违宪

支持宗教学校的公众长期致力于通过教育券计划的使用等方法绕过宪法有关禁止对直接用公共财政资助宗教教育机构的规定的条款。在很多时候，这些努力被法庭所拒绝，直到 2002 年 6 月美国最高法院关于泽尔曼诉西蒙斯·哈里斯（Zelman v. Simmons Harris）一案中以 5：4 判决支持俄亥俄州克利夫兰市的教育券计划。但是，泽尔曼判例并不意味着教育券计划将合乎宪法性。相反，泽尔曼判例使人们清楚地认识到教育券计划必须满足严格的规定才能合乎宪法性。一个合乎宪法性的教育券计划必须在宗教方面完全中立。如果父母选择在宗教学校中用教育券，那么他们必须完全出自自己真正的、独立的选择。教育券计划不能给父母们以激励来选择宗教学校而不选择非宗教学校。教育券计划还必须为父母提供真正的、实用的、合法的非宗教的选择机会，并且教育券计划的目的必须是致力于促进非宗教教育，不能把公共资金抽到宗教学校。而且，泽尔曼判例意味着某种类型的教育券计划并不会因为有违背美国联邦宪法之嫌而被拒绝，50 个州中至少 37 个州的宪法所包含的对资助宗教学校的限制的规定要比联邦宪法的规定严格得多，尽管有泽尔曼判例，在这些州中资助宗教小学及中学也会受到禁止。因此，泽尔曼判例的影响也就仅局限在其他 13 个州（Americans United，2005）。

同时，合乎宪法性目标又是高度模糊的。毕竟，如果克利夫兰市的教育券计划不合乎宪法性，那么其他的如《退伍军人权利法案》（*The GI Bill of Rights*）、佩尔奖学金（Pell Grants），以及日护学费税收减免（Day Care Tuition Tax Credit）等项目都是不合乎宪法性的，因为在这些项目中都有为学生提供部分学费支付的教育券，无论是选择上公立学校与私立学校，还是宗教学校与非宗教学校。但是，政府并没有通过这些措施"建立"宗教。因为，首先，它仅仅是出于提高非宗教教育质量的目的；其次，它是对学生提供资助而不是对宗教机构提供资助（Greene，2002）。

4.1.3.3　关于教育券合乎宪法性争议判决的其他案例回顾

2000 年 7 月 31 日，38 号提案被批准呈送到加尼佛尼亚州 2000 年 11 月的选举中，由选举人投票决定。如果提案投票通过，它将产生美国最大的教育券项目，将允许 650 万儿童选择上私立学校。

2000 年夏天，共和党总统候选人，乔治·W. 布什支持教育券计划，而民主党总统候选人艾伯特·戈尔（Albert Arnold Gore）却反对教育券计划。

2000 年 11 月 7 日，提案在加利福尼亚州、密歇根州、科罗拉多州、亚利桑那州等 11 月的选举中被挫败。

2000 年 12 月 11 日，俄亥俄州克利夫兰市教育券计划被判决违宪。美国第六巡回法院以 2∶1 的比例支持了一个区法庭于 1999 年 12 月 20 日的判决，该判决认为克利夫兰市的教育券计划是违宪的。因为它有使宗教学校受益的影响，违背了美国宪法第一修正案。他们发现从教育券中受益的 56 所学校中的大多数附属于宗教群体。

2001 年 1 月 26 日，美国教育改革一揽子提案。总统乔治 W.布什向国会提交了包括教育券在内的一揽子教育改革提案。在这个计划下，学生每年将接受数学与阅读的考试，如果差的学校连续 3 年都不能达到标准，联邦将取消对其资助，省下来的钱将给上私立学校或者宗教学校的孩子每人 1500 美元的资助。

2001 年 3 月 2 日，美国众议院教育委员会投票决定将教育券计划从布什总统的一揽子教育改革提案中删除。这个委员会中所有的民主党成员及 5 个共和党成员都投票反对教育券计划，最后以 27∶20 否决了该计划。

2001 年 9 月 25 日，美国联邦最高法院决定听证俄亥俄州克利夫兰市实行了 6 年的教育券计划，以决定该计划究竟有没有因为上宗教学校的学生提供学费资助而违宪。

2002 年 6 月，美国联邦最高法院以 5∶4 的比例判决克利夫兰市的教育券计划合乎宪法性。它"允许父母收到学费资助以帮助其孩子逃离失败的公立学校，尽管在一些地方他们上了私立宗教学校"（Religious Tolerance，2003）。父母同时也能使用该资助学费帮助孩子上非宗教的私立学校。

2004 年 8 月，佛罗里达州判定教育券计划不合乎宪法性。美国第一区上诉法院，以 2∶1 的比例维持了原来一个低级法院在 1999 年做出的教育券计划不合乎宪法性的判决。威廉姆·诺退克（William Nortwick）法官写道，"判决的中心议题是机会奖学金项目（Opportunity Scholarship Program）是否违反了佛罗里达州立宪法中关于'不得资助'的条款，该条款规定州的收入不能从公共财库中直接或间接用于资助任何宗教机构，机会奖学金项目因向宗教学校支付公用资金，这一点毫无疑问有悖于州宪法的不得资助条款的"。杰布·布什（Jeb Bush）州长宣布州里将向佛罗里达州最高法院上诉该判决。州最高法院紧急决定已受到教育券资助的 732 名学生继续受到资助。但是，这个判决将是最后判决，因州立法与州宪法对此案的判决结果相对立，从而不可能再有机会向美国联邦最高法院提起上诉了（Religious Tolerance，2003）。

2005 年 9 月中旬，国会开始了卡特里娜教育券的争辩。布什在 9 月 15 日提出了对接受遭到卡特里娜飓风袭击家庭的学生的公立学校提供高达 19 亿美元的一揽子教育资助计划，给予接受这些学生的私立学校 4.88 亿美元的资助，每个学生可得 7500 美元的资助（Friel，2005）。

2005 年 11 月，美国参议院批准了对那些遭受卡特里娜飓风袭击的学区的学生提供赈款的法令，该法令允许私立学校接受受灾学生并得到资助补偿。16 亿 6000 万美元的赈款中拨款 4 亿 5000 万美元用于对受灾学区的重建，该法令同时提供 12 亿美元用于帮助学校——公立学校及私立学校，包括接受受灾学生的宗教学校。学校将获得每位学生 6000 美元的资助，残障学生的资助为 7500 美元。美国教育部声明，有 37 万 2000 名公立学校与私立学校的学生及大学生在卡特里娜飓风中受灾（Davis，2005）。

4.1.4　公共教育券计划合乎宪法性的未来走向分析

通过对最高法院对资助宗教学校学生的一系列案子的判决的回顾，可以看出最高法院的判决是相互混淆、相互冲突的，判决是充满曲折的、两面性的、高度模糊的。一方面，多年来法院允许用公共资金给上宗教学校孩子的父母予公共交通补贴，从非宗教学校暂借教科书给宗教学校，对在宗教学校上非宗教目的课程给予指导和资助，对宗教学校的管理与评估标准考试给予经费资助等。另一方面，法院又挫败对宗教学校的学生提供公立学校的教师为他们弥补课程的政府资助与从非宗教学校暂借教学用具给宗教学校，以及对在私立学校的低收入家庭的学生提供学费补偿等项目（Lewin，1999）。

无论对公共教育券计划的合乎宪法性有多大争议，但是只要通过以下一些努力，仍可以使公共教育券计划合乎宪法性。

4.1.4.1 设计良好的教育券可能在全州或全国范围内展开实施

那些设计良好的教育券，能提供更多独立、自由选择机会的公共教育券计划很有可能突破宪法第一修正案中政教分离条款的限制，而在全国范围开展实施。这种教育券不仅不能给予父母激励让其选择宗教学校而不选择非宗教学校，还必须为父母提供真正的、实用的、合法的非宗教的选择机会，并致力于促进非宗教教育，不能把公共资金投入到宗教学校。此外，先前实施的很多法令规定利用公共资金对受教育者进行资助，以使公共教育券计划更有可能获得认可。若判定教育券计划违宪，则以前实行的那些有教育券性质的行为也是违宪的，这难免相互矛盾。因此，公共教育券计划很有可能突破政教分离条款的限制而得以实施。

4.1.4.2 对政教分离规定不严格的州实施州范围的教育券可能性较大

公共教育券至少在那些州宪法中对第一修正案中的政教分离条款的规定比较松的州能获得通过；其他州的这一规定如果比联邦宪法中的规定还要严格，只要州最高法院的判决与州立法不互相对立，就可以对该判决向美国联邦最高法院提出上诉，而联邦最高法院可能根据判例法原则而遵循其他州的相关判例进而支持公共教育券项目。如果全国 13 个州都实行了全州范围的公共教育券计划，那么它的影响是不可低估的，这种巨大的影响将远远超越学校环境，对校外环境产生深刻影响。因为一旦小规模（13 个州的教育券计划与全国 50 个州的教育券计划相比来说还算是小规模的）的教育券合法化，倡导者们将施压并竭力使其得到推广，由此产生的潜在的对教育的控制将引起根本性的政治变化，最终全国都有可能推行公共教育券计划。另外，综合来看教育券的设计理念有：选择的自由、生产的有效性、公平、社会融合（Belfield et al.，2004）。公共资金资助的教育券计划有利于教育公平与学校内各阶层学生的融合，因此，政府主导的公共教育券计划如果设计合理、配置公平、执行程序良好、配套措施相应能跟上，公众没有理由不支持。

4.1.4.3　加强宣传能为教育券在全国范围内的实施奠定民意基础

　　教育券倡导者们如果加大公共教育券在全国范围内的宣传力度，并让更多的人看到教育券的优点，那么也可能改变全国公众对教育券的看法转而更多地支持教育券项目，全国的选民也将从根本上决定教育券在全国的实施。教育券目前主要受益对象是非洲裔美国黑人，也有部分拉丁裔美国人及西班牙裔美国人，如果现行的教育券从根本上改变其慈善性质，而变为如弗里德曼所提倡的普通教育券计划，即面向所有人的教育券，那么公众还有什么理由反对呢（William，1999）？而且从目前的民意调查来看，全国公众对公共教育券计划的态度也在朝着赞同的方向转变。

　　费得尔塔卡帕与盖洛普民意测验机构（Phi Delta Kappa and the Gallup Organization）2000～2002 年进行关于教育券意见的民意调查。每年全国 1000 个样本（公众）对"如果对学龄父母提供教育券，并允许他们把孩子送到任何公立学校、私立学校，或者是与宗教联系的学校，但对那些选择非公立学校的，政府为他们支付部分或全部学费。如果你所在的州里有这样的提案，你是支持还是反对？"的态度见表 4-1（Polling report，2005）。

表 4-1　父母对公共教育券的态度

父母类型	所有的父母			公立学校的父母		
年份	2002	2001	2000	2002	2001	2000
支持/%	52	44	45	51	52	47
反对/%	46	54	52	46	47	51
未表态/%	2	2	3	3	1	2

　　由此可见，公众对公共教育券的态度在发生变化，即朝着有利于支持教育券计划的方向发展。

4.1.4.4　某些突发事件能使教育券在全国范围内展开实施

　　当面临某些重大突发自然灾害，造成众多受灾学生无法短期内恢复上学时，危机时刻出台的教育券计划无论是否资助私立学校或宗教学校，此类计划一般都会改变立法者与选民的态度，令他们转而支持公共教育券计划。

如果要避免公共教育券在实施中因资助宗教学校而引起的争议，最坏的做法就是将宗教学校从这些公共教育券计划中除去（Barbara，2003）。不过这样做会使那些需要教育券的学生父母丧失送其受教育券资助的孩子选择宗教学校上学的机会，不利于公立学校与私立学校间的竞争，这将违背教育券设计的初衷。最理想的做法是，如贝克特宗教自由基金会（Becket Fund for Religious Liberty）主席凯文·哈森（Kevin Hasson），在其发动的一场反对布莱恩修正案的法律运动中所说的，"下一步是劝说法院废掉 19 世纪遗留的这些违背美国联邦宪法的宗教固执（即政教分离原则）"（Freedom forum，2002）。但是，教育券的命运最终掌握在州立法者与选民手中。虽然一个地方判决教育券计划是合乎宪法性的，但它并不具有权威性来决定教育券作为一项教育政策决定的合理性。因此，虽然现在合乎宪法性的障碍被清除了，争论仍然继续存在（Matt et al.，2002）。

4.2 教育券的重要价值取向：教育公平

4.2.1 教育券的重要价值取向：教育的市场公平与社会公平

综观各种教育券计划的倡导者的理念来看，从弗里德曼的"市场模型"和皮科克与怀斯曼的"收入-市场联系模型"，再到詹克斯的"补偿性市场模型"，无不蕴涵着教育公平的思想。偏好于市场模型即自由择校的前两种模型的教育券计划更加注重教育券的效率公平即市场公平；而詹克斯的模型却更加关注教育券的社会公平。

4.2.1.1 弗里德曼的"市场模型"

在弗里德曼的模型中，每个孩子得到的教育券的面值是一样的，并且此教育券可以适用于任何已批准参与教育券计划的学校，既包括公立学校也包括私立教育结构。学校可自由地选择学生并且有权收取超过教育券面值部分的学费差额，并拥有根据申请名单自由选择学生及相关服务机构的权利。在弗里德曼看来，他的教育券计划的优点是在学校之间产生更加有效的竞争，从而引起效率的提高，并使政府资助私立学校的做法少受一些投诉，以及提供更好地控制政府教育经费的机会（Jongbloed et al.，2000）。他再三强调，通过教育凭证市场方法推进的"公校私营"的标志其实就是办学权的开放（生产者权利）和受教育权的选择（消费者权利）。弗里德曼的教育凭证思想体现出浓厚的新自由主义经济学色彩。竞争——效益——更好地满足消费者，是新自由主义经济学的基本原则。弗里德曼所提倡的教育凭证蕴含了这一原则的精神（曾晓洁，1998b）。

另外，查布（Chubb）和默也持相近的观点，提倡一种完全以市场为基础的学券计划，认为择校是解决美国教育问题的万灵药。由此可见，弗里德曼特别关注教育券所产生的效率问题而几乎不关注教育券所能解决的公平问题。比如，在他的教育券计划中，允许学校（或大学）超过教育券面值额外收费，这样会导致来自低收入家庭的学生不能上高收费的学校上学，而这些高收费的学校一般都是教育质量比较高的学校。也正是这个缺点才使得其他人对他的模型进行改进。

4.2.1.2 皮科克与怀斯曼的"收入-市场联系模型"

鉴于弗里德曼的"市场模型"的缺点，皮科克与怀斯曼对弗里德曼的"市场模型"的教育券计划进行了著名的改进。在他们1964年提出的模型中，同样，教育消费者的自由选择（择校）也是这种模型的中心内容，但是，他们也意识到获得教育机会的重要性。如果学校把自己的学费定得过分高于教育券的面值，自然就会影响到教育消费者的入学机会，而成为一个社会问题。因此，教育入学机会就变得与收入联系在一起。为了避免这种不公正结果的出现，皮科克与怀斯曼建议采纳一种教育券计划，使得教育券计划与所得税相联系，如此在累进制的税收系统中，富人不能保留其全部收入，相应的收入越多，上缴的税也就越多。当然，最重要的问题就是在考虑能力支付原则时这种与收入相联系的教育券是否公平。

皮科克和怀斯曼模型的核心思想是，通过将教育券面值与收入所得税相联系，为那些来自低收入家庭的学生发放面值更高的教育券。然而尽管皮科克与怀斯曼承认教育机会的公平性是社会所追求的重要目标，他们还是明显地倾向于一种自由市场的途径（Jongbloed et al., 2002）。

4.2.1.3 詹克斯的"补偿性市场模型"

詹克斯是最清楚地表明社会途径的代表之一，他强调教育机会的公平性应是政府政策的目标。以詹克斯的观点，教育券应该有选择地提供给那些低绩效的公立学校，并更偏向于资助那些相当贫困的家长。他所提倡的模型主要有三个特征：①在教育提供者之间支持市场和竞争，但是市场竞争应该受到规制而变得有效。②引入补偿要素，以避免经济的、宗教的及种族的障碍。③促进班级间的社会流动性。詹克斯的教育券计划对教育经费起到更加公平的配置的作用。自由市场途径及政策途径的提倡者都关注教育消费者的权利和教育经费的使用效率，但是詹克斯这类社会途径的倡导者更侧重于教育券资助对象的选择与分配的实现。

这种补偿模型的特征事实上就是不允许学校收取超过教育券面值的额外费用。这意味着那些接受高收入家庭学生的学校的收入并不比那些主要接受低收入家庭学生的学校的收入高，因为在詹克斯的教育券计划中那些低收入家庭的学生能获得额外的资助。詹克斯的教育券计划旨在阻止学生间在社会和经济上的隔离，如学生不能因为父母没有支付能力而被排除在外，因此贫困学生在收到基本面值的教育券外还能收到第二张补偿性的教育券。在他的模型中，市场机制同时得到了规制以避免因为完全自由竞争的教育市场所带来的消极影响（Jongbloed et al., 2002）。而且詹克斯的教育券只限于在公立教育制度下使用（尼古拉斯·巴尔等，2000）。詹克斯的教育券思想主要是想帮助低收入家庭获得额外的教育费用补贴，获得更多的公平择校受教育的机会。

4.2.2 教育券在世界各地的实践

4.2.2.1 教育券价值取向中社会公平的凸显

教育券在世界各地的实践，以美国为例，教育券最关键、最核心的实质是效益与公平。"在中小学实施教育券制度可以促进教育机会公平、效益与自由三个方面获得一致和谐与平衡的实现。"（曲恒昌等，2003）教育券计划在创始阶段，更多的是关注教育的市场公平。在弗里德曼的思想里，家长、学生选择学校上学并以教育券抵扣学费，而学校凭券从政府领取等额的教育经费，变以前的直接拨款为间接拨款，是对教育经费拨款体制的一次创新。这种将公共税款适当投入私立教育机构，"权"与"钱"在公立、私立学校与机构间的一定程度上的自由流动与转移，正是教育制度重建目标中的"竞争机制"的体现。通过教育的市场化改革优化配置教育资源，以扩大选择权并保障公民平等地接受教育的权力和提高学校教育质量的目的（沈有禄，2004）。其更深层次的目的是通过家长、学生的选择，把公立学校推向市场，通过这种市场机制（以教育券为实施手段）促进公立学校之间及公立学校与私立学校之间的竞争，进而提高教育质量，培育更多更好的提供优质教育质量的学校来为美国人民的利益服务。

"美国如今的城市及乡村的公立学校的表现却越来越让人失望，公立学校变得越来越穷，越来越是少数群体的聚集地，因此在中产阶级的大多数人中产生了极大的不安。"（Houston，1993）正如丹尼斯·多伊尔（Denis Doyle）所说的那样，"好学校是我们城市生命的血液，拯救了学校也就是拯救了我们的城市"（Hayward，1999）。

教育券计划发展到后期，更多地关注教育券的实施所能产生的社会公平作用。教育券已经成为许多人心目中改革教育、追求教育公正进而追求社会公正的一个希望。正如联合国教育科学及文化组织国际 21 世纪教育委员会原主席德洛尔（J. Delors）指出的：人类面临未来种种的挑战和冲击时，教育将成为人类自由和平和维持社会正义最珍贵的工具。教育券政策所依据的，正是通过教育机会均等而追求社会正义的理念。公共教育传统上已成为美国社会的伟大平衡器，公共教育提供平等的教育机会，作为回报，平等的教育机会又是行使自由权的前提条件（Gibelman et al.，2002）。美国社会学家罗尔斯在《正义论》中提出了这样的观点：对社会和经济不平等的安排，应该使这种不平等既符合地位最不利的人的最大利益，又按照公平的机会、均等的条件，使之与所有人的地位和职务联系在一起。教育券给弱势群体以资助，合乎罗尔斯的"差异原则"，符合社会正义要求（翁文艳，2001）。对中低收入阶层的学生来说，教育的贫穷落后是永远不能翻身的贫穷落后。教育公平理论认为实现教育公平必须保证：第一，以社会中生存条件最差的人口群体为基础和条件；第二，国家要提供一定的帮助、制定必要的政策，保证生存条件最差的人口群体的教育均等；第三，受教育者可以自由平等地选择教育；第四，每一个社会成员在自然、社会或文化等方面的不利条件均可以在教育中得到补偿；第五，各办学主体应在公平的竞争环境中办学（来新安等，2003）。

4.2.2.2 教育券价值取向中的社会公平在实践中的体现

教育券计划在各国的实践都是从各国的实际情况出发，采纳了典型的以关注社会弱势群体为核心的詹克斯模式，使贫穷的孩子有机会进入私立学校，同时也在一定程度上促进和保障私立中等教育的发展。

在美国密尔沃基市的教育券计划中，一个学生是否有资格获取教育券取决于他是否是本市的居民、家庭收入、居住地和上一个学年入学情况。首先，学生必须是密尔沃基市居民；其次，2003～2004学年学生的家庭收入必须低于威斯康星州所规定的数目；再次，在上一个学年里，学生必须就读于一所密尔沃基市公立学校，或参与教育券计划的学校，或者一所从幼儿园到3年级没有参与教育券计划的私立学校，或者没有在任何地方任何学校入学（Milwaukee Parental Choice Program，2003）。

教育券在哥伦比亚的实施中规定：①使用教育券的学生必须来自低收入家庭，学生所在家庭的经济状况由学生居住的地区出示相关证明，符合条件的学生再提交申请。小学在公立学校就读，且只有入有偿的私立学校才有效；②该券向6年级的学生开始发放，每学年结束时，教育券将再次发放，但留级的学生自动退出该计划；③一旦教育券供不应求，将采用电脑派位的方式；④政府对参与该计划的学校也作出了相应的规定，参与教育券计划的学校必须是公立学校或非营利性质的私立学校，且学校每年需要向政府提供入学和学费等相关信息（祝怀新等，2003）。

在我国，浙江省切实保障经济困难家庭子女受教育的权利，从 2003 年秋季开始全面推行教育凭证制度，采取教育券等资助形式，将扶困助学专项资金直接发放到城乡困难家庭手中，不让一个学生因家庭经济困难而上不了学。目前，省、市、县各级共投入 1 亿多元扶助经费，受资助的中小学生有 24 万多人。教育券扶助对象包括城乡低保家庭子女、革命烈士子女、由社会福利机构监护的未成年人，以及因灾、因疾病等突发事件造成家庭经济困难的学生等。一些有条件的县市还根据实际扩大了发放范围。同时，接受浙江省慈善总会助学经费，鼓励社会各界及个人通过认购教育券的形式捐资助学（江南，2004）。

从迄今为止的教育券理论和实践中，可以区分出更加注重"效率与质量""私有化"的自由市场教育券模式（以美国弗里德曼的模式为代表）和更加注重"教育公平"的关注弱势群体的教育券模式（以哥伦比亚的詹克斯模式为代表）。两种模式各有不同的目标侧重、不同的制度安排和不同的实施条件。自由市场教育券模式的成功依赖于面向所有受教育者、与教育成本相符合的全额资助、面向所有学校和政府对学校较少的干预；关注弱势群体的教育券模式的成功则依赖于有限度的资助和政府对学校的更多干预。但两种模式都不同范围和程度地存在着学校之间的竞争机制和家长自由选择学校的机制，只是前者在竞争和选择的范围方面在理论上是无限制的，而后者是有限制的（刘复兴，2003）。在大多数国家，不同社会经济集团的子女在入学率方面差异是很大的。教育政策的最终目标之一是使入学少的集团增加入学人数，并尽可能减少入学方面的差异（约翰·希恩，1981）。

4.3   教育资源的配置效率与公平杠杆——教育券

4.3.1   效率与公平的悖论

在这个资源稀缺的世界里，特别是在公共教育资源稀缺的国家，如何合理、有效地配置教育资源显得尤为重要，这不仅关系到教育资源的有效分配，也与广大教育者、受教育者的福利紧密相关。太注重效率，可能使马太效应（Matthew Effect）愈演愈烈，优质学校像滚雪球似的在发展极不均衡的教育市场中成为少数人的天堂，而薄弱学校越来越吸引不到优秀的教师、优秀的学生，也很难吸引到使其摆脱困境的额外投入资金而在"地狱"中挣扎，最终走向灭亡。于是，应该思考如何才能使教育资源在优质学校与薄弱学校及广大受教育者之间更为合理有效地分配，在保证效率的同时也使公平得以体现，使社会公平的阶梯不至于这么早就在教育公平这一环节断掉。福利经济学家奥肯认为公平和效率这两个政策目标是相互抵触的，二者之间存在着此消彼长的交替关系。如果要做到公平，就要牺牲效率，即无法实现资源的有效配置；反之，如果要提高效率，就必然要扩大差距，难以实现公平。其在 1975 年出版的《平等和效率：巨大的交替》一书中这样分析道：如果说平等和效率都应得到重视，那么在二者发生冲突的场合，应当达成妥协。在这种场合下，某种平等将以牺牲效率作为代价，而某种效率将以牺牲平等为代价。其中任何一项的牺牲，必须被判断为可以得到更多的另一项的必要手段（厉以宁，1984）。

一个有希望的社会不应该受到公平与效率悖论的束缚，而是想方设法去打破这个悖论，并不是为了效率就必须要以公平的牺牲为代价，反之，也不能一味地追求绝对的均等而不顾及效率而在低水平上蜗牛般前行。那么在教育资源的配置上，教育券不失为一种调和这种矛盾的有效工具，它能在教育资源配置中较好地平衡效率与公平诉求。

4.3.2　教育资源配置的效率与公平诉求

教育资源一般来说可以包括公共教育资源与私人教育资源。公共教育资源又可具体分为国家预算内教育投入、预算外教育投入；私人教育资源在这里使用广泛的定义，包括非财政性的各种私人投入、各种营利与非营利性基金、企业及个人捐赠、家庭的教育投入等。传统上对公共教育资源的配置是通过国家直接拨款给教育机构，而受教育者补偿其差额部分如择校费、学杂费、交通伙食费等。这样，公共教育资源的流程是：国家→教育机构，学生只是在受教育时可以少交纳国家补贴的部分费用，而补偿差额部分。这种公共教育资源的配置过程，要经历政府及学校两层，而这两层都有官僚化及腐败化的倾向，事实上也确实是这样，如此，教育资源在配置过程中就要损失相当一部分，最终用于学生教育上的资金就少了不少，教育的效率及效果都很难保证。

当然，私人教育资源配置的流程可以是：家庭投入/企业及个人捐赠、基金会投入→教育机构，这样至少比前一种要少一个政府层面的官僚化与腐败化的可能，私人更能知道自己的资金应该投往哪里，投给谁，投多少给谁，心里很清楚，而政府这一层有很多不公开的东西，很难保证也不清楚公共教育资源的最终流向。所以，单从效率的角度来说，私人教育资源的配置途径更有效率。但我们更关注的是公共教育资源的配置途径，因为，公共教育资源还有一项更重要的促进教育公平的作用，使不同阶层的人受到教育，实现社会目的、价值观的社会化并内化为受教育者自觉的观念和行为，特别是使社会下层人士的子女通过接受教育来改变他们不利的经济、政治、文化地位，实现比较平等的、稳定的、文明的、民主的福利社会。可是，传统的公共教育资源配置方式使我们很难看到配置过程中的效率及公平。

4.3.3 可调和的教育资源的配置效率与公平

4.3.3.1 传统配置模式的失灵

教育资源包括公共教育资源与私人教育资源。教育资源的配置可以通过传统的模式，也能通过类似教育券的模式。但是人们的认识通常偏于极端，认为效率与公平是鱼与熊掌不可兼得的，其实不然。正是以前这种误解，才把我们带到了教育资源配置的死胡同，要么纯而又纯的绝对的公共配置，不顾及配置的效率与公平，使得如今我国的教育资源在各个层级的各种类别的学校中的配置极其不合理，即既无效率可言，也无公平可言，实际上我们面对的正是这样的现实。要么纯粹的通过市场配置，可是这种没有公平规则的市场在政府的某些扭曲的规则及行动促使下使本来已经不合理的没有效率的教育资源配置更是走向了深渊。

在公平与效率的关系上，多数论者承认公平与效率具有矛盾统一的关系，至于如何统一，有无"优先"与"兼顾"的道理，以及谁应优先、谁应兼顾，又存在不少分歧（郭志鹏，2001）。回顾教育资源配置方式，最大的问题就是缺乏一种统一的、长期的、系统的配置教育资源的思想，在配置思想上，总是偏向于一端。如改革开放前，资源配置一味强调"大锅饭"，结果是没有效率的低水平的公平；改革后遵守"效率优先、兼顾公平"原则，结果是迅速出现严重两极分化，不但违背社会主义分配原则和目的，而且可能引起社会动荡。如果此时还再次强调"效率必须优先"的论点，那么，资源将会越来越集中到少数人手里，资源配置不公平的悬殊将会越来越大，不但使百姓享受不到改革开放的成果，而且会使社会、经济中的矛盾激化，到头来，不但失去公平，连效率也会出现大倒退的局面（付瑞雪，2005）。如果没有机会均等、政策公平和资源配置公平，那么，即使实现了历史上空前的效率也没有任何意义。改革的成果不为人民大众所享有，政府的合法性也会受到挑战。

4.3.3.2 平衡的配置模式

政府的主要职能是：第一，稳定价格与充分就业职能；第二，配置资源职能；第三，分配职能，这一职能关注公平、公平与效率的权衡取舍等问题（约瑟夫·E.斯蒂格利茨，2005）。

那么政府在教育资源配置中的职能就应该是促进公平，提高效率，在公平与效率间做到平衡。在效率与公平之间的权衡可以借鉴约翰·罗尔斯的"正义的二原理"，它们的优先顺序规则如图4-1所示。

图 4-1 罗尔斯的正义二原理图

罗尔斯主张，应由国家提供保证平等的基本自由及均等机会，尤其是国家要对竞争的结果实行再分配，用以补偿那些处于最不利地位的人使他们的利益最大化，即在机会均等的条件下，通过自由竞争，然后将其结果进行协调，以期实现平等（小林良彰，1989）。正是因为教育市场及教育体制都不是完全的，所以"看不见的手"的伦理作用在市场中只能部分实现，不可能充分而全面地体现出来，即自由、效率并不能完全实现，它的失灵需要第二原理来调整。用亚当·斯密（Adam Smith）的资源配置的公平观来解读正义的第二原理，即配置的机会均等优先，兼顾配置或分配结果的相对公平，即有差别的可接受的结果的相对平等（王莹等，2001）。

在具体应用教育券这种教育资源的配置工具时，它的配置效率与公平思想都应该得到教育政策制定者和执行者很好践行，需要他们的智慧与道德。因为道德是经济、政治、教育运行的重要法则（王莹等，2001）。而有效率的教育政策的决策能否出台不仅取决于教育学家、经济学家和政治家的智慧，也取决于他们决策的规则，规则决定选择的结果，决定政策的好坏（休·史卓顿等，2000）。因此，在教育资源的配置方式上，可以借鉴或构建教育券这样的方式，无论是弗里德曼的教育券思想，还是詹克斯的教育券思想，他们都很好地调和了教育资源配置中的效率与公平的关系。从全世界各个国家、各个地区不同阶段的教育券的实施来看，例如，詹克斯的教育券思想（可以面向所有学校不论是公立的还是私立的）在美国很多州及世界其他国家和地区得到了很好的实行；一种私人资金资助的教育券类似于弗里德曼的教育券思想的儿童奖学基金教育券在美国全国范围实施，这是种既带有慈善家式的也是普遍的教育券，面向全国开放（William，1999）。其成功之处也正是根据各自的实际情况很好地处理好了教育资源配置的效率与公平，所以教育券是教育资源的配置效率与公平的杠杆。

4.3.3.3 教育券配置模式解决失灵并达到新的平衡

弗里德曼、查布和默的普通教育券理念主要是出于提高公共教育资源配置效率的考虑。他们的教育券思想，本质上通过在传统的公共教育资源配置过程中添加学生这一环节，改变了政府、学校和学生（家庭）之间的制衡机制，从而引发了政府、学校行为方式的深刻变革（吴华，2003b）。弗里德曼等的教育券理念同样也蕴涵了公平的思想，学生自由择校实际上是一种民主的实现，实现民主的同时又体现了公平。

詹克斯的教育券思想主要是想通过对低收入家庭提供额外的教育费用补贴，在保证弱势群体的受教育机会公平的前提下，提高公共教育资源的配置效率，即詹克斯的教育券思想是通过公平的途径来实现效率。

因此，我们可以通过教育券这种配置方式实现教育资源配置的公平与效率。其公平就是指使稀缺的教育资源在学校内部实现合理配置，其效率则指使稀缺的教育资源得到有效使用，即有效分配（王善迈，1996）。而在教育资源的公共配置与私人配置中，可以通过政府直接配置的手段也能通过市场配置的手段，关键是这两种配置手段要有合理的结构，这种合理的结构能够在各教育主体间承担起合理有效的分配的重大责任，通过治理的理念、公共部门如政府与私人部门的联合努力，才能保证教育资源配置的效率与公平，而教育券就是公共力量与私人力量的联合，既可以配置公共教育资源，也能配置私人教育资源。

在配置公共教育资源时，弥补了政府直接配置失灵的没有做好的地方，即在保证配置公平的基础上提高效率，从而也提高了教育资源的利用效率并保证了教育公平，至少是教育资源享用的机会公平；在配置私人教育资源时，弥补了市场手段配置失灵的地方，即在提高效率的基础上也兼顾公平，因私人教育资源总是要流向最有效率的地方，但是教育券在私人教育资源配置过程中也起到了公平的导向作用。

换句话说，如果弗里德曼等的教育券思想是保证教育资源配置的程序性公平，即受教育者在法律规定面前享受教育资源配置权利的机会是平等的，但是这种相似的机会平等可能因不同人的地位、起点、运气和努力不同而呈现出实际配置结果的不平等；那么，詹克斯的教育券思想正好是出于教育资源配置结果比较平等的考虑。这两种思想的融合实现了在自由基础上的机会平等与社会公正的平衡，即实现了教育资源配置的程序公正与社会公正的结合与平衡（柯武刚等，2000）。所以，教育券正好能起到平衡教育资源的配置效率与公平的杠杆作用，如图4-2所示。

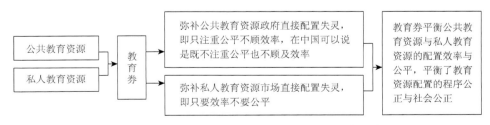

图 4-2　教育资源的配置效率与公平杠杆——教育券

5 对教育券的评价及其在中国的理想向度

5.1 对教育券的评价

5.1.1 对长兴县教育券的评价

吴华（2003a）认为与美国教育券相比，长兴县教育券有以下一些重要的特点：美国教育券的运行模式是先发后选，官随民选，长兴县教育券是先选后发，民随官选；美国教育券给家庭的激励是去选好学校，长兴县教育券给家庭的激励是去选弱势学校；美国教育券是学校经费的主要或重要来源，长兴县教育券在学校经费来源中所占份额较小；美国教育券是基于公民权利的效率工具，长兴县教育券是基于政府职责的公平工具。长兴县教育券只是一种过渡性的制度安排，而美国教育券才是一种在观念上更为合理的制度安排，但这种来自民间的制度创新对于推动社会持续健康发展极为重要，它对于中国教育发展都是一个里程碑式的事件。类似的，周飞和熊全龙（2002）认为长兴县教育券实践同弗里德曼教育券理论最大的不同在于，前者更注重发挥政府的主导和宏观调控作用，它给予学生的是政府导向下的一种选择权；而后者更注重通过市场条件下的竞争机制发挥作用。

曲恒昌等（2003）认为长兴县教育券无疑是一种教育扶贫措施，但如果仅仅把其视为一种扶贫举措，显然贬低了它的意义。它还有助于调整教育机构，推进教育改革，进而实现公共财政提高效率和可持续发展的宏伟目标；同时，教育券的引入可以充分发挥市场机制对教育竞争的积极作用。刘复兴（2003）认为长兴县教育券在制度创新中打破了传统教育制度变迁的路径依赖，是一种诱致性制度变迁，它是为解决长兴县教育发展中的问题而做出的一种区域性的公共教育投资制度安排，并且在教育投资体制变革中由完全政府选择转变为赋予公民社会选择的合法性，促进了教育准市场制度环境的建立，实现了有限的教育公平目标。

5.1.2 对教育券的评价

目前人们对教育券的争议，其本质就是围绕着教育资源配置和学校教育的选择与竞争问题，主要体现在五个方面：基金性质、机会均等、市民价值、教育质量和实践难题（陈东等，2003）。此外，文新华等（2003）提出了对教育券原创理论及其实践需要讨论的两个问题：一是教育券原创理论及其实践在法律上需要讨论的问题，即在义务教育阶段，选择学校是否与"就近入学"的法律原则相矛盾，以及公民选择学校的权利与学校依法自主办学的权利是否平衡；二是教育券原创理论及其实践对政府在教育中的责任与作用所提出的问题，即在教育上政府应是强势还是弱势？在教育竞争中，政府有为还是无为？政府对教育是依法增加投入还是维持甚至缩减？

茅于轼（2003）认为教育券是一种试图通过给学生家长以选择权而改变教育资源配置路径以改善教育公平和效率的方案，有面值的教育券可以改变教育资源的配置，好学校得到较多的经费，但是并不能引导更多的社会资源进入教育行业，所以不能解决教育经费总量不足的问题，因为家长的选择权减少了官员的权力，所以政府官员倾向于拒绝教育券的方案。吴华（2003b）也认为，教育券的本质是改变公共教育资源的传统配置路径，通过引入基于学生平等受教育权利的非竞争性配置环节，使学校由原来从政府手中对公共教育资源进行直接竞争转变为通过吸引学生实现的间接竞争。

赵宏斌（2003）认为教育券是巧妙地把竞争机制引入基础教育领域的一种制度性创新，是将公平与效率融为一体的基础教育财政资源配置的有效方式，教育券是一种契约合同，明晰了基础教育财政经费的使用权，降低了经费使用过程中的交易成本，提高了经费的使用效率。黄斌（2005）也认为教育券通过其私人品特征化内容，明确了教育资源的部分产权归属和利益主体，为教育制度的变迁提供了强大的产权激励下的效率功能。

李海生（2007）认为各国的教育券政策是在拥有不同历史、社会制度、政治文化的背景中实施的，教育券只是为教育改革提供了一种选择，这一改革不排斥也不可能取代目前在教育中进行的其他改革和创新。

此外，在美国，由于学生可以选择私立与宗教学校，教育券的实践有可能违背美国宪法规定的政教分离原则而出现违宪的问题。尚洁（2007）认为美国的教育券计划不能解决教育不平等的问题，在计划实施后，更多的学生涌入了宗教学校，也意味着大量的公共资金被转入宗教学校，背离了美国的宪法准则。然而，美国各州最高法院的判决是相互冲突、模糊的。有允许用公共资金给上宗教学校的孩子的父母予公共交通补贴的判决；也有否决对上宗教学校的学生及上私立学校的低收入家庭的学生提供学费补偿等的判决。无论公共教育券的争议有多大，那些设计良好的教育券还是可以得到公众及州最高法院的认可的（沈有禄等，2006b）。

5.2 教育券在我国的可能应用向度与理想突破口

5.2.1 关于较大范围内的教育券不可行的争论

部分学者认为教育券在中国应该缓行或其较大范围内的推广值得怀疑，甚至认为目前不具备这样的条件，难以有突破性进展。贺武华（2004）认为我国目前在局部地区试行的教育券有悖原意，基本上是一种"福利性"的教育资助，而且教育券资助民办学校发展的必要性和意义及教育券促进教育均衡发展的可能性也是值得质疑的。刘亚荣（2004）认为如果政府的公平再分配价值取向、政府的支付能力、政策目标发生改变，教育券的内涵也将发生改变，连教育券能否实施下去都存疑问。吴晓莉和黄芳（2004）认为，从观念层面上教育券在中国存在价值迷失与民主缺失的情况，从学校系统层面上也质疑教育券计划能否有效地促进竞争、挽救失败的公立教育系统，并提出教育券计划应该缓行。颜丙峰（2004）认为实施教育券制度的一个最大前提是教育财政充盈和统收统管，现在离这个前提还有相当大的距离，在中国这样一个计划经济为主导、行政权力占统治地位的国家里，全面实施教育券制度几乎不可能。吴华等（2005）也指出正是由于在观念、政策和利益三个方面与现行体制之间存在冲突，中国内地的教育券计划至今未能取得突破性进展，只有在教育公平真正被置于教育政策的核心位置并且这种公平是在公民权利平等的基础上被理解和认识时，教育券计划才有可能取得实质性进展。

有学者建议先在小范围内试点，待成功后再在更大范围内推广。康永久和吴开华（2003）认为教育券计划的实施将从根本上突破我国现行的多元办学体制，建议设立一个从现有的多元办学体制向全面的教育券计划转变的过渡期，先在小范围内针对特定学生或学校实行有限的教育券计划，如果教育券的改革实践在各地都取得了成功，再由国家立法机关在全国范围对更为完备的教育券计划进行审议，通过后交由中央政府在全国推行。

总之，实行教育券要具备以下基本条件：一要有充分的舆论准备，二要有比较完善的法律保障，三要有周详的计划，四要有必要的财政准备，五要地区教育发展存在不均衡性（曲恒昌等，2003）。

5.2.2　教育券在我国实践的可能向度

学前教育券可在一定程度上缓解学前教育投资不足，对贫困幼儿提供资助。教育券制度在我国农村学前教育中的应用可以将农村学前教育事业纳入政府投入体系；可以侧重资助贫困的农村学前儿童；可以整合农村闲置的教育资源；还可以吸引民间资本对农村学前教育事业的投入，形成多元化的投资体系（王善安等，2008）。

学前教育券除了在兼顾公平和效率方面的作用以外，还有利于解决因家庭经济能力有限所产生的教育问题，并且具有"重视幼儿教育"的积极政策导向作用，有利于提升社会对幼儿教育的重视程度，促进幼儿教育地位的提升及专业化的发展（方钧君，2007）。

作为一种理念和可行的政策工具，教育券可以解决流动儿童受教育问题。教育券作为一种财政分配方式与教育资金的监督手段，可以缓解农村地方政府资金紧缺，实现农民工子女义务教育的可及性和同等性，因此用教育券解决农民工子女义务教育是可行的（奚琳等，2007）。对于农民工子女的就学问题，浙江省教育厅原厅长侯靖方曾提出试行流动儿童教育券制度，委托户籍管理部门向尚处于义务教育阶段的流动人口子女发放一定面值的教育券，民工子弟学校可凭收取的教育券向有关部门领取等值的专款补充办学经费，教育券的经费来源可采用政府财政拨一点、外来人员出一点、用人单位筹一点的办法来解决（周飞，2002）。夏焰和林群（2005）则认为教育券经费可以由生源流入地政府、流出地政府及流动人口家庭三方共同承担。贺武华（2010）认为在广大的西部地区、落后农村地区，以及对有着中国特色的浩大农民工子女教育队伍而言，"中国式教育券"无论在形式上还是实质上都大有作为。

后义务教育较强的私人产品属性和准教育市场地位使教育券在后义务教育中有更大的施展空间和可能性，更符合弗里德曼的自由竞争和选择的原创教育券理念。作为保障义务教育之后的受教育权利的一种方法，较之初等教育和中等教育，后义务教育更适合采用教育券。教育券被提议用来资助终身学习，这类教育券会提供给所有完成义务教育的人，以资助他们选择更广泛的教育培训（亨利·M. 莱文等，2003）。黄斌（2005）认为后义务教育更带有私人产品的特征，在技术上更容易实现收益的排他性，并且人力资本本身所具有的私产性和专业细化、多样化的高等教育培养模式下人力资本的异质化，是刺激和促进教育券制度形成和发展的有利因素，教育券制度在公平、筹资和效率上的功能正体现了其在我国高等教育层次上实施的合理性和适用性。

教育券在高等教育领域的应用有利于创建良好的高等教育运行机制。邓永宏和刘俊学（2005）认为，教育券改革后的高等教育运行机制，有利于政校分离；有利于高校走集约经营的发展道路；有利于树立高等教育服务理念；有利于高校与社会的融合，对于改革现行高等教育管理体制和提高高等教育资源配置效率具有十分重要的意义。

此外，教育券的市场竞争机制有利于满足成人教育的多样化需求。赵晓兰和汤海明（2008）认为教育券制度应用于成人教育的可行性很高，因成人教育已具备市场化方式，国家又重视发展成人教育，将教育券引入成人教育领域能够使政府发挥更大的影响力，让政府承担起引导成人继续接受教育的职责，极大地激发个人接受继续教育的积极性和主动性，成为撬动继续教育市场的经济杠杆，并最终在我国建立起完善的终身学习体系。

教育券在农民工培训中也能发挥其积极作用。在农民工培训中使用教育券有利于调整农民工培训时间；整合农民工培训内容，让农民工的培训内容由整体的内容分散成不同的板块；优化农民工培训方式；创新农民工培训理念。农民工可以根据自己的时间安排、岗位需要、个人发展等情况选择适合自己的职业技能培训，这将极大地调动农民培训的积极性，因此，培训教育券是解决农民工培训错位的有效措施之一（李彦燕，2009）。政府劳动与社会保障部门对农民工的培训费用可以以教育券的形式发放，让广大受益农民工自由选择培训教育机构，在方便的时间接受适合其特定需要的培训内容。

5.2.3　教育券在中国实践的理想突破口——中等职业教育券

中等职业教育产品近乎纯公共产品的性质及中等职业教育的准市场化地位可以满足教育券的自由择校的需要。为了提高"中国制造"的制造工艺水平及为"中国创造"培养潜在的高素质技术工人，可以实行由国家提供绝大部分经费的中等职业教育券来促进中等职业教育的发展和满足学生的不同教育需要。

皮江红（2005）认为职业教育的准公共产品性质，政府在职业教育投入中的主导地位和作用，以及教育券理论的发展及其带来的关注重心的改变，都为教育券在职业教育中的适用提供了支持，都证明教育券可以而且应当在职业教育中得以适用。沈有禄和谯欣怡（2009b）认为我国农村劳动力众多，对其进行转业、就业的基本职业技能培训可以通过培训券（实际上就是教育券）的方式进行，其扩展及发展必将纳入中等职业教育的国民教育体系；中等职业教育规模庞大，学校数量众多，学生基数大，充分竞争的中职教育市场具备实行中职教育券的基本前提；随着中等职业教育的产品属性越来越趋纯公共产品，而政府存在的一项基本职能就是向全体公民提供最基本的纯公共产品，这决定了国家将逐步建立公共教育财政来免费提供中等职业教育这一基本的纯公共产品；当前以教育券改革中等职业教育投入方式具有重要的理论与现实意义。这些都决定了可以在我国中等职业教育中实施教育券，国家教育主管部门也表示正在研究其可行性，而且中等职业教育券确实已经在部分地区得以实践。因此，中等职业教育券是教育券在中国实践的最理想的突破口。

另外，教育部于 2004 年 7 月 27 日公布的《关于贯彻落实全国职业教育工作会议精神，进一步扩大中等职业学校招生规模的意见》中明确教育券措施已成为促进职业教育进一步发展的重要举措（熊惠平，2004）。此后，各地也相继开展实施范围大小不同的中等职业教育券，其中最著名当数成都市于 2009 年开始实施的全市范围内的中等职业教育券，受益人数近 9 万人。

曲恒昌等（2003）认为，地方政府划拨一定财政资金，为上职业学校的学生发放教育券，有利于扩大教育机会；改变了人们"重普教、轻职教"的传统观念；有助于吸引更多的民间资本投入职业教育；加速了普通教育与职业教育之间的结构调整；在农村实施支持职业教育的教育券制度，符合现代公共财政的理念，是完善公共财政制度的一种举措。在各地中等职业教育券实践的带动下，可以预见中等职业教育将是教育券制度在中国大规模实践的最理想突破口，既能体现弗里德曼的自由择校以提高资源配置效率的理念，也能在公平理念的指引下资助贫困学生和落后地区，带动中等职业教育公平有效地发展。

6 我国实行中等职业教育券的可行性

教育券已经在世界上许多国家和地区得以实践，涉及幼儿及学前教育领域、初等教育领域、高等教育领域，其实践必将推广到职业教育领域，而我国即将实施的免费中等职业教育将是教育券施展拳脚的理想领域。

6.1 以教育券形式改革中等职业教育投入方式的重要意义

6.1.1 有利于提升中等职业教育的战略地位

中等职业教育发展被提高到战略高度，将要逐渐推行的免费中等职业教育及现行的农民工"阳光工程"培训项目都是教育券能发挥积极作用的领域。

近年来，国家把职业教育确定为教育发展的战略重点，相继出台了一系列大力发展职业教育的政策。在财政方面，加大财政投入、多渠道筹措资金以促进职业教育发展。2009 年 3 月 5 日，第十一届全国人民代表大会第二次会议，温家宝同志的政府工作报告中提出要"优化教育结构，大力发展职业教育，特别要重点支持农村中等职业教育。逐步实行中等职业教育免费，今年先从农村家庭经济困难学生和涉农专业做起"。另外，我国每年有数千万的农民工外出打工就业，对他们进行比较基础的职业技术培训（现行的国家财政支持的"阳光工程"培训示范项目就是致力于培训农民工的就业技能的国家重要职业教育培训项目），有利于增强他们的就业竞争力和提高他们的收入。因此，让中等职业教育，尤其是农村中等职业教育承担起对农民工的职业培训任务，也具有重要的现实与战略意义。

6.1.2 教育券的制度性创新有利于增加投资与完善多渠道投入体制

中等职业教育券实际上是对中等职业教育拨款机制的创新，这种新的投入方式以其潜在的投资拉动效应可以解决中等职业教育经费投入过低且增长缓慢的现状。

无疑，中等职业教育经费的过低投入与投入经费的缓慢增长，将众多贫困农村的初中毕业生挡在了职业教育的大门之外。这些初中毕业生没有经济实力去接受普通高中教育，比较廉价的中等职业教育无疑是他们的主要选择，也是国家鼓励的政策方向之一。而改革中等职业教育投入机制，利用有限增加的政府投入能起到乘数效应，拉动其他投资渠道对整个中等职业教育的投入，从而提高中等职业教育投入比例及其增长速度。

教育券无疑是对中等职业教育投资体制的一种制度性创新。从教育投资体制来看，一个有效率的教育投资体系应该由国家、民间、学生个人共同参与。教育券作为教育投资的一个支点，构建了政府、民间、学生家庭共同投资的平衡体系（赵宏斌，2003）。这样既能增加职业教育经费投入，又可以释放出在原来的投入方式下因家庭教育投资负担而产生的消费挤出，转而形成新的消费。

改革创新中等职业教育经费投入机制，有利于改变我国中等职业教育经费投入来源比较单一、主要依靠政府投入和学杂费、社会投入过低的现状，通过吸引社会各主体的投入逐步完善我国中等职业教育的多元投资渠道。

如浙江省长兴县教育券的实施就有效地吸纳了民间资本的教育投入。长兴县教育券吸引了资金对教育的投入，仅 2001 年就吸引民间教育投资超过 1 亿元。这些投资规模远远超过了长兴自身的财政能力（浙江省财政厅办公室课题组等，2008）。

6.1.3　有利于提高中等职业教育经费的使用效率

全国各省的中等职业教育经费投入都有使用效率不高的一面。目前我国中等职业教育中人员经费支出所占的比例很大，甚至还高于普通高中，资金使用结构不佳。但职业教育不仅要好的教师，还要好的设备，学校经常性开支除用于教师工资外，还要特别注重教学设施、实训基地的维护，因此，中等职业教育中人员经费支出所占的比例应该远远少于普通高中这一比例（汤大莎，2007）。

另据《教育部、国家统计局、财政部关于 2007 年全国教育经费执行情况统计公告》（教财〔2008〕20 号）可知，全国中等职业教育预算内人员经费与公用经费分别是 2406 元及 718 元，比例达 3.35：1，可见过多的人员经费挤占了公用经费，这实际上是经费使用效率不高的表现之一。因此，应在保证人员经费的基础上，逐步提高公用经费在教育事业费中所占的比重。

教育券是将公平与效率融为一体的教育财政资源配置的有效方式，实际上是对公共教育产权的一种以契约合同的形式明晰公共教育财政经费的使用权（产权），降低了公共教育财政经费使用过程中的交易成本，从而提高了公共教育财政经费的使用效率（赵宏斌，2003）。

6.1.4　有利于完善中等职业教育结构调整，促进公平发展

随着 2009 年开始的涉农专业及贫困家庭学生接受免费中等职业教育政策的出台，中等职业教育的吸引力进一步增加。据此，教育部提出，今后一个时期内，我国要大力发展职业教育，中等职业教育年招生规模要超过普通高中教育招生规模。对农村地区中等职业学生的资助，以及对就读涉农专业及其他艰苦行业所需专业的学生的资助，间接地提高了学生接受中等职业教育的受益率，从而增强中等职业教育的吸引力，有利于调整和完善中等职业教育的结构，使其更趋于合理，也有利于中等职业教育更好地向着教育公平的方面发展。

同时，随着中等职业教育经费投入的不断增长及助学体系的完善，逐步免费的中等职业教育有理由也应该注意其经费的使用效率。如上种种问题都可以通过中等职业教育券加以解决，既解决了公共经费与私人经费的互补配置（拉动）问题，也满足了经费配置中公平性与效率性的双重价值追求，打破既有的效率与公平悖论的神话，达到一种完美的平衡。而且实行中等职业教育券进一步实现了教育券在全球范围内的实践中体现出来的对教育公平的价值追求这一重要目标（沈有禄等，2006b）。

总之，以更加公平自由的、更具民主的财政制度实行中等职业教育券确保了中等职业教育的稳定发展，扩大了中等职业学校面向社会、面向人人办学的自主

权，保障校长、教师和学生在教育教学中的权利；有利于进一步明确各级政府及其职能部门、行业组织、企业、事业单位、社会团体及其他社会组织和公民依法履行实施职业教育的责任和义务；有利于进一步完善职业教育管理体制和工作机制，加强部门协调；有利于进一步完善中等职业教育保障机制，增加经费投入，加强基础能力和教师队伍建设，改善办学条件，增强中等职业教育的吸引力。因此，当前应积极探索研究实行中等职业教育券的可能性及具体的操作方案，进一步壮大发展巩固我国中等职业教育的发展成果，确保广大学生家长的受教育权及自主、民主的择校权。

6.2 当前实行中等职业教育券的阻力分析

6.2.1 政府内部与学校等利益相关者的极力反对

改革是可行的，有广大的民间组织在积极发起、推动教育券的改革方案并积极付诸实践；但是最大的阻力可能来自政府内部与学校及其行会组织的利益相关者的极力反对。从 1955 年弗里德曼首倡教育券开始，至今已经在全世界范围内多个国家的基础教育领域、学前（幼儿）教育领域、高等教育领域等得以实践，并取得了一定的效果。但是，总的来看，各个国家和地区内部实施教育券的范围并不是很广，仍然有很大的组织、团体，甚至是政府机构在极力阻止教育券的实施。

印度的非政府组织公民社会中心提出把政府对教育的拨款印制成教育券，直接发给学生。印度的这项改革还没有完全付诸实行，向公民社会中心申请教育券的已有 12 万人，而发出的教育券只有 400 多张，杯水车薪，不能完全解决问题。但这么多人申请，说明教育券非常受欢迎，对政府改变拨款方式是一种压力。虽然这个方案得到了印度国家计划部门的赞成，但受到教育部门反对。因为教育券给了学生家长选择的权利，它立足于以下假定，即学生家长比官僚的督学等官员更能判别学校的优劣，这个假定显然难于被教育系统的政府员所同意，家长的选择权减少了官员的权力，所以政府官员倾向于拒绝教育券的方案（茅于轼，2003）。因为一旦采用教育券，将由学生和家长决定学校的命运，教育当局便会大权旁落。

教育改革的阻力往往来自主管教育的政府部门，这在任何国家都一样（茅于轼，
2007）。在我国中等职业教育券的实施过程中，涉及很多权威部分的利益，如财政
部、教育部、公安部、国家发展和改革委员会、国家人口和计划生育委员会、国
家统计局、银行等，及其下属各地的各种行政级别的机构与单位，如何协调它们
之间的利益，如何找到一种平衡各方利益的方案，确实是一件不容易的事情，至
少短期内比较难以达成这些利益集团的平衡。

　　在美国，从弗里德曼 1955 年首倡教育券制度至今 60 多年过去了，然而，全
美 5300 万中小学生中使用教育券的只有 50 万，仅占 1%。可见，教育券在美国的
实施过程中受益对象还是比较少的。这其中一个主要的原因是，在美国教师及教
师工会、全国教育联合会、公共学校群体如学校管理者等坚决反对公共教育券计
划，即反对用公共资金资助私立学校学费。特别是当用于教育券的资金与用于改
进美国公立学校的运营资金相竞争的时候，即私立学校学费教育券把本应该投入
公立学校的资金给挤走了，所以他们尤其反对此类计划（沈有禄等，2006a）。

6.2.2　具体操作设计的技术细节问题

　　在教育券的具体操作设计上还存在一定的技术细节问题，我们国家有着数以
千万计的中等职业学生，其家庭的社会经济背景信息系统的建设尤为如此。国外
普遍实行的教育券及国内部分地区实行的教育券总体而言还是一种补助性质的票
券，并不是完全按照弗里德曼当初设想的"普遍（普通）教育券"的做法，将学
生的生均经费以教育券的形式发放给学生，不经由政府直接拨付给学校，而是多
了学生/家长这一环节，学校所获得的最终经费要看其获得学生所交纳的教育券数
量的多少。

　　因此在我国中等职业教育券的设计操作中，是一次性将全部生均预算内教育
经费的总值以一定面额的票券发放给学生，还是先发放一张只涵盖生均预算内教
育事业经费面额的教育券，抑或先发放一张只涵盖生均预算内公用经费面额的教
育券？如果政府开始只是想拿一部分教育经费来试点，那么先发放一张涵盖生均
预算内公用经费面额的教育券是可行的。待实践效果良好后再展开更大范围经费

的教育券的发放，这时可以将生均公用经费教育券扩展到生均预算内教育事业经费教育券，再扩展到生均预算内教育经费教育券。但是考虑到各地经济发展水平的不同，各地学生上学的成本及学生的家庭状况不一样，这时可以考虑在发放第一张全国范围内具有统一面值定额的教育券后，再发放第二张用于资助不同生源地及贫困状况不同的学生的补助券。这样既考虑了全国所有中等职业学生的普遍受教育权利的平等性，也考虑了各地社会经济发展和学生家庭背景的差异性。另外，也可以积极发动社会上各种基金及捐赠等以教育券的形式资助弱势群体学生，形成私人中等职业教育券。因此，理想的中等职业教育券在其设计形式上可以遵循如下模式，如图 6-1 所示。

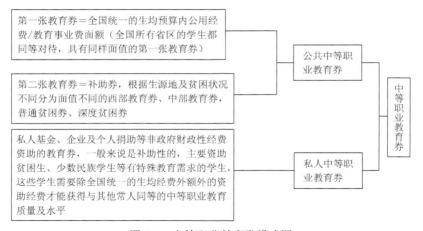

图 6-1　中等职业教育券模式图

　　总的来说，由于生均预算内教育事业费一般要高于生均预算内公用经费，出于减小风险的考虑，在具体执行时，可行的做法是先在全国范围内发放一张只涵盖生均预算内公用经费的第一张教育券，而且这张教育券由国家设定一个最低标准，各个省区自行设定其具体面值。如果在这第一张教育券的使用过程中，学生存在跨省流动，则可以将该券一并转入学生新入学的地方，其差额部分再由学生及其家长自行承担。等第一张教育券（只含生均预算内公用经费面值）实行一段时间后，全国大多数省份都认可其执行效果时，可以考虑发放面值更大的教育券（只含生均预算内教育事业经费面值）。此券也由国家设定一个固定的最低标准值，允许各省区在实际支出上有差距。考虑到生均预算内教育事业经费实际上在很大程度上体现了公民受教育权利的平等与否，因此这种差距不应太大，以不超过 30%～50%为宜；或者制定一个具体的时间表，在 5 年左右的时间内将这种差距逐步减小，最终控制在 50%以内，之前可以允许稍微大于该数值。

当然，不能把资助贫困学生及其他弱势群体的主要责任留给中介组织、基金会、企业、个人等非政府的社会力量，可以考虑在全国范围内实施由中央财政负担的第二张教育券（补助性的教育券），具体面值可以存在区域差距，但不应太大，原则是对西部等落后地区的面值要大于东部、中部地区的面值，对深度贫困家庭的助学券面值要大于普通贫困家庭的助学券面值。而农民工职业培训教育券可在现行的各地"阳光工程"项目的每个人补助的标准上制定具体的农民工职业教育券面值，农民工可以到各地的培训点，也可以到当地或其他地区的中等职业学校接受培训。

中等职业教育券这种配置方式实现了中等职业教育资源配置的公平与效率。在政府投入不足，需要私人资金投入以弥补对某些贫困及弱势群体学生的资助时，私人教育券计划起到了很好的配置公平的效果。政府资源投入在逐步充足的过程中，也要追求资源的配置效率，而教育券这种中等职业经费的拨款形式最直接的效果就是提高资源的配置效率；再加上公共资源本身具有追求公平性的目的，这样，中等职业教育券就在私人资源与公共资源的配置中做到了效率与公平的平衡。

6.2.3　提高经费使用效率的压力不够高

加大政府中等职业教育投入力度，是减小差距的最有效办法，至少能弥补之前的欠债，满足中等职业教育投入的最低充足性水平。从国家及教育部最近几年的政策来看，国家是大力鼓励和支持职业教育发展的，要求高等职业教育要与普通高等教育各占半壁江山，中等职业教育与普通中等教育也要各占半壁江山。

如此大规模的中等职业教育招生数与在校生数，无疑要求政府加大对中等职业教育的投入力度。国家计划在"十一五"期间将中央财政投入 100 亿元发展职业教育,但对这 100 亿元的增幅来说,分给中等职业教育的经费还是很有限的,因此,国家应该进一步加强对中等职业教育的投入。国外许多发达国家也主要是采取加大政府资助的力度来发展职业教育的。如英国政府设立职业教育基金会,根据学校教学质量评估向学校拨款,款项约占学校经费的 75%。美国由州政府和地方政府负责其职业教育机构社区学院 2/3 左右的经费。丹麦政府负责职业技术学院 3/4 或 2/3 的经费(吴穗,2004)。

为保障中等职业教育的经费投入,必须建立"刚柔并举"的机制。"刚"指的是必保的经费投入,为此必须设定一些刚性的指标。例如,职业教育经费占整个教育经费的比例、职业院校生均经费数额(应高于普通院校生均经费)、教育附加费中必须用于职业教育的比例、企业职业教育投入的减免税制度等。"柔"指的是项目性经费投入,为此必须根据经济发展的需要,对阶段性目标给予重点、及时的投入。如跨区域性、跨行业性的实训基地建设的资助;有利于促进就业和创业的院校或专业建设的资助;有利于增强国家高新技术发展所需高技能人才培养的专项补助;以及灵活应对突发事件,如在经济危机中,资金扶持有利于拉动需求、增加就业、确保增长的技能人才培养专业等(姜大源,2009)。

与此同时,应该建立健全中等职业学生资助政策体系,促进教育发展和社会公平。教育部早在 2004 年公布的《关于贯彻落实全国职业教育工作会议精神进一步扩大中等职业学校招生规模的意见》中就已指出教育券可以成为促进中等职业教育进一步发展的重要举措之一(皮江红,2005)。2005 年印发的《国务院关于大力发展职业教育的决定》提出,要建立职业教育贫困家庭学生助学制度。2007年出台了《国务院关于建立健全普通本科高校、高等职业学校和中等职业学校家庭经济困难学生资助政策体系的意见》(国发〔2007〕13 号)。据统计,2006~2009年,各级财政共安排资金约 400 亿元用于资助家庭经济困难学生接受中等职业教育。其中,中央财政安排专项资金 180 多亿元,地方财政安排专项资金约 220 亿元。中等职业学校学生受资助面达到 90%。借用教育部原部长周济的话来说,就是"职业院校家庭经济困难学生资助政策体系的建立,对于增强职业教育的吸引力,促进教育发展、改善民生，起到了重要作用"（陈丽平，2009）。

鉴于目前中等职业教育的投入还处于满足经费投入的充足性阶段，弥补之前投入过低造成的历史欠债，另外资助贫苦地区、弱势群体，满足各地区各类群众受教育公平的需要，这些都是政府中等职业教育投入要考虑的优先选项，从而降低了实行中等职业教育券以提高中等职业教育经费使用效率的优先地位。

6.3 当前我国实行中等职业教育券的可行性分析

6.3.1 "阳光工程"培训券

农村劳动力众多，对其进行转业就业的基本职业技能培训可以通过培训券（实际上也就是教育券）的方式进行，其扩展及发展必将纳入中等职业教育的国民教育体系。

我国农村劳动力众多，劳动力素质普遍比较低下，农村劳动力转移培训任务艰巨，国家出台了《2003—2010 年全国农民工培训规划》重点支持农村劳动力转移职业技能培训（以"阳光工程"为代表）。目前，我国农村有 1.5 亿富余劳动力，每年还要新增 600 万农村劳动力。农村劳动力素质不高，缺乏劳动技能，影响向非农产业和城镇的转移，难以在城镇实现稳定就业。农村劳动力中，受过专业技能培训的仅占 9.1%；在 2001 年新转移的农村劳动力中，受过专业技能培训的只占 18.6%。为了全面建设小康社会的奋斗目标，加快农村富余劳动力转移就业的关键在于加强农民工培训。

根据《2003—2010 年全国农民工培训规划》的培训目标，2003～2005 年，对拟向非农产业和城镇转移的 1000 万农村劳动力开展转移就业前的引导性培训，并对其中的 500 万人开展职业技能培训；对已进入非农产业就业的 5000 万农民工进行岗位培训。2006～2010 年，对拟向非农产业和城镇转移的 5000 万农村劳动力开展引导性培训，并对其中的 3000 万人开展职业技能培训；同时，对已进入非农产业就业的 2 亿多农民工开展岗位培训。

在加快农村劳动力转业职业技能培训方面最著名的工程就是"阳光工程"了。"阳光工程"是由政府公共财政支持,主要在粮食主产区、劳动力主要输出地区、贫困地区和革命老区开展的农村劳动力转移到非农领域就业前的职业技能培训示范项目,即农村劳动力转移培训阳光工程(简称为"阳光工程"),由农业部、财政部、劳动和社会保障部、教育部、科技部、建设部从 2004 年起共同组织实施。其目标任务:2004～2005 年培训农村劳动力 500 万人,年培训 250 万人;2006～2010 年培训农村劳动力 3000 万人,年培训 600 万人;2010 年以后,按照城乡经济社会协调发展的要求,把农村劳动力培训纳入国民教育体系,扩大培训规模,提高培训层次。"阳光工程"农民工培训经费实行政府、用人单位和农民工个人共同分担的投入机制。中央和地方各级财政在财政支出中安排专项经费扶持农民工培训工作,政府补助资金通过培训券方式或培训机构降低收费标准方式直接让农民受益,不用于培训单位基本建设、培训条件建设和技能鉴定(农业部,2012)。

可以预见,按照"阳光工程"的规划——农民工培训在 2010 年后要纳入国民教育体系,而且要提高培训层次,预计将来农民工培训将纳入中等职业教育这一国民教育体系,享受与中等职业教育的学生一样的职业教育与技能培训,到时农民工培训的经费及其使用将与中等职业教育的学生一样按国家既定的中等职业教育经费的来源与使用政策运行。

由于农民工的流动性极强,对其进行职业技能培训的经费如果能以教育券的形式发放与使用,将极大地方便农民工的培训选择,既可以在家乡进行基本的就业技能培训,这样个人生活成本比较低,容易获得相应的基本职业素质训练;也可以选择在其打工的地方边工作边培训,这样不仅能相对降低个人费用,毕竟半工半读是比较合理的选择,而且在打工地区接受的培训与当地所需要的职业技能要求的匹配度要更高一些,更能增强他们的就业竞争力,提升他们的工作能力。

6.3.2　中等职业教育市场的充分竞争性

中等职业教育规模庞大,学校数量众多,学生基数大,充分竞争的中等职业教育市场具备实行中职教育券的基本前提。

2005 年《国务院关于大力发展职业教育的决定》指出：到 2010 年，中等职业教育招生规模达到 800 万人，与普通高中招生规模大体相当；高等职业教育招生规模占高等教育招生规模的一半以上。"十一五"期间，为社会输送 2500 多万名中等职业学校毕业生，1100 多万名高等职业院校毕业生。实际上在 2008 年基本上实现了原定将于 2010 年才能实现的中职发展规模的目标。据统计，至 2008 年，全国中等职业学校共有 14 767 所，年招生规模达到 810 万人，在校生达到 2056 万人，中等职业教育与普通高中教育规模大体相当（陈丽平，2009）。

如此庞大的学校数量与学生基数，是实行中等职业教育券的基本前提。实行中等职业教育券的最基本的前提是学生要能自由择校，其实，在当前这种充分竞争的中职教育市场环境下，学生基本上是想去哪里读书就能去哪里读书，想去什么学校读书就能去什么学校读书，当然个别学位数量比较有限的专业及户籍限制严格的地方除外，甚至学生不需要中考成绩就能入学的机会比比皆是。总体上来说，大致上可以判断中等职业教育市场是一个完全充分竞争的自由择校市场，因此具备了实行中等职业教育券的根本前提。

6.3.3 纯公共产品属性

6.3.3.1 当前中等职业教育的准公共产品属性

公共产品具有较强的外溢性，其使用和消费不具有竞争性和排他性，或者排除他人使用的成本无限大（保罗·萨缪尔森等，1999）。公共产品的生产和分配是可以分离的，既可以由政府生产并分配，也可以由私人（市场）生产，政府购买来分配。但是如果纯粹由市场来生产公共产品，会造成供给不足或者消费者付费价格过于昂贵，不利于社会公共利益的分享（高鸿业，2000）。

因此，不难给职业教育一个准确的定位。一方面，职业教育在消费上具有一定的竞争性，在既定教育供给下，多一个人对职业教育消费，其成本是增加的，而且职业教育不属于义务教育，学生是要交学费的；另一方面，职业教育不仅使受教育者受益，还具有更重要的"社会利益"，如推动经济增长、提高民众文化素质等。因此，职业教育既不是具有完全竞争性和排他性的私人产品，也不是完全不具有竞争性和排他性的公共产品，它兼有私人产品和公共产品的性质，属于准公共产品（赵艳立，2008）。

6.3.3.2 中等职业教育产品属性新的阐释

其实，中等职业教育的准公共产品属性不是一成不变的，随着经济的发展，政府投入的逐渐增强，甚至是政府免费提供，中等职业教育的公共产品属性将进一步增强，变成完全公共产品。我们可以将中等职业教育的属性因公共中等职业教育产品与非公共中等职业教育产品的不同而分为公益性与营利性二元，划分子属性的依据主要是从中等职业教育产品的投入主体决定着其相应的数量的多少来决定其子属性的。笔者认为影响中等职业教育属性的因素从投入的角度来说主要有政府投入包括各级各类财政拨款、税收等政策优惠，各类公益（非营利）性基金投入等；非政府投入包括私人、企业等利用非财政性资金的社会组织的各种形式的投入。相应的政府投入影响并决定了中等职业教育属性的公益性这个子属性，而非政府投入影响并决定中等职业教育的营利性这个子属性。笔者将在中等职业教育的这两个子属性的基础上构建中等职业教育的二维的无差异效用属性模型。如图 6-2 所示。

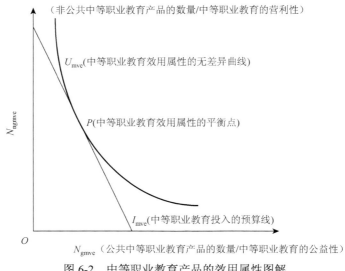

图 6-2   中等职业教育产品的效用属性图解

因此可以认为（假设）：①中等职业教育的属性是可以分解的，忽略其他次要子属性，其属性主要由公益性与营利性这两个子属性共同决定，并且可以用一条连续变化的效用属性曲线 U_{mve} 表示。②公共中等职业教育产品的数量决定中等职业教育属性的公益性这一子属性，非公共中等职业教育产品的数量决定中等职业教育属性的营利性这一子属性；并假定公共中等职业教育产品数量与公益性子属性是完全呈线性关系的函数，非公共中等职业教育产品的数量与营利性子属性是完全呈线性关系的函数，即公益性（营利性）=a×公共中等职业教育产品（非公共中等职业教育产品）（其中 a 为子属性与各类中等职业教育产品的相关系数，是一正数值），如此，从中等职业教育不同种类的产品对消费者的效用满足方面来说，就可以用公共中等职业教育产品与非公共中等职业教育产品组合形成的中等职业教育的无差异效用曲线来代表中等职业教育的无差异效用属性曲线，进一步可以说用此无差异效用属性曲线来代表中等职业教育的属性曲线[①]；横轴表示公益性 N_{gmve}，纵轴表示营利性 N_{ngmve}[②]。③教育效用属性的无差异曲线，是一条光滑的曲线，而不是直线，并凸向原点；这条无差异曲线作为一个整体代表了中等职业教育的效用属性[③]。如果假设②固定，其前提是此无差异曲线是陡峭的，且靠近纵轴的一边陡峭度大，而靠近横轴的一边曲线平滑。④一定水平或数量的教育投入包括政府投入与非政府投入，它们共同构成了中等职业教育的投入，相应地有一条投入预算线 I_{mve} 与之对应。

根据上述假设则有如下推论：

①政府投入决定的公益性与非政府投入决定的营利性互不冲突，是公益性多

---

① 因公共（非公共）中等职业教育产品的数量与中等职业教育的公益性（营利性）子属性成完全线性关系，多一个常数系数并不影响新曲线的形状，所以，中等职业教育的无差异效用曲线与中等职业教育的无差异效用属性曲线的形状是一样的。

② 横轴及纵轴分别代表的公益性与营利性。因为无差异曲线的边际替代率递减规律决定了人们在刚开始时为了多获取一单位的公共中等职业教育产品，愿意放弃的非公共中等职业教育产品是大于一个单位的，即"非公共中等职业教育产品数量/公共中等职业教育产品数量"的比值在刚开始即在无差异曲线的左上端是大于1的，并沿着曲线向右下端逐渐减小。

③ 一般来说，公共中等职业教育产品与非公共中等职业教育产品并不互为完全替代品，即它们之间的边际替代率并不是一个常数，相应的无差异曲线也不是一条斜率不变的直线。曲线凸向原点由边际替代率递减规律决定。

一点还是营利性多一点，并不是中等职业教育属性的本质，关键在于它们共同以一定的组合，具体体现就是某一条无差异效用属性曲线所代表的效用来满足人们的教育需求。

②这条无差异效用属性曲线代表了在一定投入（包括政府投入与非政府投入）的情况下，中等职业教育能满足人们的教育需求所带来的总体效用，并不是针对某一个人的中等职业教育消费的效用。

③在一定的教育投入水平下，其预算线与无差异效用属性曲线相切的点 P，才是此水平投入下能取得的教育效用属性的最佳点，即该点达到了中等职业教育效用的帕累托最优（Pareto optimal），也意味着中等职业教育属性的公益性与营利性之间达到了均衡（保罗·萨缪尔森等，1999）。如此，中等职业教育的公益性或营利性就不是人们根据主观判断做出的，而是由政府投入与非政府投入（投入的预算线）所决定的中等职业教育效用的帕累托最优点处的公益性与营利性的组合。每一对应投入水平下都会得到一个帕累托最优点，这些点的运动轨迹就是中等职业教育在各种投入水平下相对应的教育属性的最佳点的曲线组合。投入增多，即预算线外移，相应的帕累托最优点也外移，满足人们更高层次的教育需求和效用属性。

④在总投入不变的情况下，帕累托最优点移动的趋势有两种：第一，如果非公共中等职业教育产品价格不变而公共中等职业教育产品的价格下降，预算线的纵截距不变，而横截距增大，截点向右移动（保罗·萨缪尔森等，1999）。如此，新的预算线与原来的无差异效用属性曲线不是相切而是相交，与新的无差异效用属性曲线相切于原来的切点的右上方，此时能满足人们更高水平的效用，即帕累托最优点向外移动；如果公共中等职业教育产品价格上升，预算线的纵截距不变，而横截距减小即截点向左移动，此时，新的预算线与原来的无差异效用属性曲线不能相交，不能达到帕累托最优，而只能满足比原来的水平低的效用，或者说是帕累托最优点向内移动。第二，如果公共中等职业教育产品价格不变而非公共中等职业教育产品的价格下降，预算线的横截距不变，而纵截距增大，截点向上移动，如此，新的预算线与原来的无差异效用属性曲线不是相切而是相交，与新的

无差异效用属性曲线相切于原来切点的右上方,此时能满足人们更高水平的效用,即帕累托最优点向外移动;如果非公共中等职业教育产品价格上升,预算线的横截距不变,而纵截距减小即截点向下移动,此时,新的预算线也与原来的无差异效用属性曲线不能相交,不能达到帕累托最优,而只能满足比原来的水平低的效用,或者说是帕累托最优点向内移动。

⑤两种极端情况是,中等职业教育的效用属性曲线无限靠近横轴,即只有绝对的政府投入,此时,中等职业教育的投入预算线变成了横轴,相应地体现的就是中等职业教育的绝对(100%的)公益性,即相当于把中等职业教育完全国有化、国营化,把中等职业教育当作纯而又纯的政府福利事业来办;如果中等职业教育的效用属性曲线无限靠近纵轴,即只有绝对的非政府投入,此时,中等职业教育的投入预算线变成了纵轴,相应地体现的就是中等职业教育的绝对(100%的)营利性,相当于把中等职业教育完全市场化或私有化,把中等职业教育当作纯而又纯的私人物品完全由市场来办。实际上,中等职业教育应该是多方参与、多元投入的,从而决定了其属性从投入的角度来考虑是在一定的无差异效用属性曲线上连续变化的。其属性也是在公益性与营利性的二维无差异曲线上移动,在与中职教育预算线相切的点取得其属性的最优点(沈有禄,2005)。

6.3.3.3 中等职业教育的准公共产品向纯公共产品属性的过渡

目前我国义务教育普及程度已达到较高水平,随着制造业的发展,中国"世界工厂"地位的增强,需要越来越多的职业技术人才,需要越来越多的技能操作工与高级技工,只有中等职业教育及高等职业教育才能培养适合这种需要的人才。而农民工的转业技能培训也必然随着产业升级而需要提升培训层次,最基本的职业技能训练已不能满足工作需要,至少要接受中等职业技能教育及以上水平的培训才能适应新形势的需要。"世界工厂"的劳动力基本素质要求就从以前的基础教育(义务教育及其高度普及)变成中等职业教育(及以上水平的教育)的普及。而国家也正在往这一目标努力,国务院已于 2009 年率先对涉农专业学生及贫困家庭学生实行了免费中等职业教育政策。

因此，随着免费中等职业教育的推进，政府负担的中等职业教育比例越来越高，甚至全部支付成本，还提供助学金、生活补助等，其公益性越来越强，甚至是百分之百的公益性；而且此时国家有经济实力，国家发展战略及当下形势也迫使政府必须把中等职业教育当作纯公共产品来提供，才能对国家及社会公众更有利，才能实现国家经济社会的可持续发展。这时的中等职业教育谁又能说它不是完全的公共产品呢？

6.3.4   加大宣传力度

此前已述，加大中等职业教育券的宣传力度可以改变民众及政府的态度，转而支持教育券计划。如从费得尔塔卡帕与盖洛普民意测验机构 2000～2002 年进行的关于教育券意见的民意测验来看，多数受调查者（52%）还是支持教育券计划的（Polling report，2005）。由此可见，公众对公共中等教育券的态度可以在现有教育券计划宣传与推广中得到转变。让更多的人了解到普遍（普通）中等职业教育券是有利于自己的，那么就可能有越来越多的人支持中等职业教育券。从笔者曾经对西部某省的调研访谈过程中可知，当地许多开明的校长与学生及其家长都是欢迎教育券计划的，并极力主张政府实行教育券计划。

而且某些突发事件如汶川大地震、卡特里娜飓风之类的天灾人祸造成成千上万的学生受灾而没有学校可上，那么政府就会用公共资金，而且是以公共教育券的形式资助接受这些受灾学生的学校，无论是公立学校还是私立学校。虽然如总统之类的政治人物也不能决定公共教育券的命运，但某些突发事件会改变立法者与选民的态度，转而支持公共教育券计划。

7 我国中等职业教育券的实践及其评价

7.1 我国各地中等职业教育券实践回顾

7.1.1 "一石激起千层浪"——浙江长兴中等职业教育券

2000 年 11 月，长兴县教育考察团在美国考察时了解到了美国的教育券制度，从而引发了长兴县教育局用教育券制度解决长兴县教育问题的想法。2001 年 5 月 10 日，在长兴县县委、县政府和浙江省教育厅的支持下，长兴县教育局（当时名为教委）出台《长兴县教委关于使用"教育券"办法的通知》，在我国开创了实施教育券制度的先河。

实施教育券制度以来，长兴县共发行了四种不同类型的教育券：民办学校（义务教育对象）教育券（面值 500 元）；职教学生教育券（面值 300 元）；贫困学生教育券（面值 200 或 300 元）；农村技能培训教育券。截至 2005 年 10 月，长兴县共发放民办教育券 72 张，计 24 300 元；扶贫助学教育券 8743 张，计 2 624 215 元；职业教育券 15 818 张，计 47 454 00 元；民办高中教育券 787 张，计 78 700 元；薄弱普通高中教育券 624 张，计 124 800 元；农村技能培训教育券 11 150 张，完成培训 9112 人，结算培训经费 396.56 万元（沈有禄，2010）。

7.1.1.1 浙江长兴中等职业教育券实践的背景

浙江省长兴县，位于江苏和安徽交界处。近年来，县域经济持续、快速发展，跻身于全国经济开放县、综合实力"百强县"之列。但其教育发展一直滞后于经济发展。

县域总体教育资源相对匮乏，现有优质教育资源远远无法满足当前教育需求。据有关统计显示，20 世纪 90 年代初期，长兴县在校初中生 25 897 人，普通高中学生 7447 人，职业高中学生 5059 人。初中 25 所、普通高中 5 所、职教类学校 2

所、另有社会力量举办的湖州清泉武校及县卫生局所属的长兴卫校，中等职业学校仅4所（刘晓蔓，2005）。

教育结构不协调，职业教育与普通高中的发展存在明显差距。近几年，长兴县存在"重普高、轻职高"的现象。一方面，许多家长对职业教育存在偏见，不支持孩子就读职业学校，以致职教中学招生困难；另一方面，越来越多的企业因为招不到熟练工人和高级技工而苦恼。2000年，普职招生比仅为1∶0.73，低于创建教育强县要求的1∶1，中等职业教育招生仅1403人。这与当前我国高新技术产业不断发展，社会急需大量技术人才的现状极不相符。

另外，扶助贫困学生也是实施教育券制度的根本目的之一。在长兴县，还有很多没有得到资助或需要更多资助的贫困学生，需要政府、社会以更简单、更直接的方式进行资助（熊全龙，2003）。

7.1.1.2　浙江长兴中等职业教育券实践过程

浙江省长兴县教育券制度的实施之初，旨在推动职业教育和民办教育发展，促进民间资本对教育的投入和扶助贫困学生，从而促进整个教育的全面发展。2001年9月，为了缓解高中入学高峰的压力，鼓励部分学生进入职业高中或民办高中就读，浙江省长兴县出台了《长兴县教育局关于教育券使用办法的通知》，以教育券的形式对就读于职业高中或民办高中的新生予以一定数额的定向经费补贴。2002年又出台了《长兴县贫困学生互助会经费补助实施细则》，把教育券制度扶持职业教育和民办教育的功能扩展到了扶助贫困学生的范畴（王一喜等，2005）。

实施教育券制度以来，教育券的发放范围不断扩大。2001年，教育券主要针对就读于职业学校和民办学校的学生。2002年，教育券发放范围中增加了贫困学生。到2003年，发放范围进一步扩大，包括就读于职业学校、民办学校的贫困学生和就读于薄弱高中的学生。

根据教育券发放的范围不同，发放的面额也有所不同。发放给职业学校学生教育券的面额为300元；发放给民办学校学生教育券的面额为500元；发放给家庭贫困学生教育券的面额分为两种：小学生为200元，初中生为300元；发放给薄弱高中学生教育券的面额为 200 元。

教育券发放的范围有所扩大，发放教育券的数量、总金额也呈逐年增加趋势。2001 年，发放职业教育券 1819 张，金额 54.57 万元；民办教育券 26 张，金额 1.3 万元。2002 年，发放职业教育券 2834 张，金额 85.02 万元；民办教育券 25 张，金额 1.25 万元；贫困学生教育券 361 张，金额 8.83 万元。2003 年，发放职业教育券 2198 张，金额 65.94 万元；民办教育券 1014 张，金额 21.18 万元；贫困学生教育券 782 张，金额 39.0955 万元；薄弱高中学生教育券 624 张，金额 6.24 万元（刘晓蔓，2005）。

自 2001 年实施教育券制度以来，长兴县的教育事业、社会经济事业均取得了很大进步。特别是职业教育，得到健康稳步的发展。其招生形势有了较大改观，入学人数迅速增加。2000 年职业教育招生 1403 人，2001 年实行教育券制度后达 2002 人，2002 年达到 3306 人，全县普职招生比达到 1:1.08。民办学校也赢得了政府信誉支持、经费支持，办学规模不断扩大，投资环境得到改善，增加了外来资本投资教育的吸引力（沈有禄，2010）。

7.1.1.3   长兴县教育券实践的经验启示

1）改变"重普轻职"的传统观念

在传统观念中，普遍存在"重普轻职"的思想。首先，在大多数人看来，初中毕业进入普通高中，参加高考，升入大学才是一个人成才的表现，而进入职业学校学习是没有进入普通高中后的无奈之选。其次，人们对后义务教育投资的动机更多的是关注投资后所带来的教育投资收益，这种收益主要是一种非市场收益，在教育中主要表现为发展前景、择业难易、学校好坏等（韩春蕾等，2008）。在当前投资于普通高中的非市场收益远大于投资于中等职业教育所带来的非市场收益。最后，当前我国中等职业教育的学费较高，远远超过普通高中，甚至一般本科的学费。对于有经济条件支付的家庭来说，考虑到过高的费用和未来较小的非市场收益情况，可能会望而止步；而对于那些想读职业中学但没有经济条件支付的家庭来说，就可想而知了。

浙江省长兴县根据本县中等职业教育的实际情况，对县域内的职业教育资源进行了资产重组，组建了长兴县职业教育中心学校，优化了职业教育资源配置，并在此基础上实施中等职业教育券制度。按教育券使用办法的规定，凡报名就读职业学校的新生每人可获得一张面值为 300 元的教育券，持有此券的学生可以选择县域内任意一所职业中学就读（熊全龙，2003）。

自 2001 年长兴县实施中等职业教育券制度以来，职业教育招生情况得到明显改善，普通高中教育和职业教育得到了一定程度上的协调发展。透过中等职业教育券制度，人们看到政府对中等职业教育的重视和肯定，就可能选择到职业中学就读。长兴县的普职招生比由实施中等职业教育券制度前的 1∶0.73 上升到现在的 1∶1.08，这些都充分肯定了中等职业教育券的作用，很大程度上改变了大多数人根深蒂固的"重普轻职"的思想，同时也大大提高了中等职业教育的地位，使其真正发挥在教育体系中应有的作用。如果条件成熟，可以尝试在全国范围内有重点地推行中等职业教育券制度，推动中等职业教育稳步发展。

2）扭转中等职业教育投入单一的局面

长期以来，我国中等职业教育经费投入主要以国家财政性教育经费和学杂费收入为主，社会捐赠、民间投资及其他收入等占有很小比例。据有关统计结果表明：2006～2008 年我国中等职业教育经费投入中，国家财政性教育经费所占比例分别为 56.37%、60.13% 和 65.03%，学杂费收入所占比例分别为 34.06%、34.7% 和 30.73%（国家统计局，2007，2008，2009）。

浙江省长兴县推广中等职业教育券，把教育券发放给职业学校和民办学校的学生，使人们看到政府对职业教育和民办教育的重视，职业教育和民办教育得到肯定，地位有所提高，特别使民办教育享受到"国民待遇"。外来投资者看到投资教育的潜力，激发了他们投资教育的积极性。2001 年，长兴县成功引进民间教育投资 1.3 亿多元，先后新建了股份制形式的华盛虹溪中学、大云昆中学校等（熊全龙，2003）。

可见，实施中等职业教育券制度可以改善教育的投资环境，在很大程度上增强民间资本投入的积极性，增加社会、企业及个人等对教育的投资，逐步改变我国当前中等职业教育投入单一的局面，形成以国家财政性教育经费投入为主，多渠道投入为辅的中等职业教育投入机制。

3）保障贫困学生受教育权利和机会的平等

在当代社会，职业教育已成为决定一个人特别是一个出身于贫困家庭的人前途命运的重要因素，若一个人不能很好地或是不能接受良好的教育，意味着他将很难摆脱贫穷。从整个社会的角度来讲，不公平的受教育机会可能会造成社会收入差距继续扩大，两极分化更为严重。而个人受教育的机会直接受其家庭收入状况的影响。那些收入状况较差家庭的子女往往因此不能很好地接受或是根本没有机会接受教育。作为政府，有义务改变受教育机会不平等的状况，使每个有资格接受职业教育的学生都能有机会接受教育，不会因为家庭收入低而不能接受教育。

过去，政府往往采用现金的形式把助学金发放给学校，再由学校发放给学生。这种方式虽然能在一定程度上解决一部分学生的现实困难，但是其程序繁琐，没有给学生充分的选择权，从而不利于教育公平的实现。浙江省长兴县的中等职业教育券制度打破这种形式，政府将一定面值的教育券不经过学校直接发到即将入学的学生手中，让学生自由选择理想的学校就读。这种形式以最直接的方式对贫困学生进行资助，充分赋予他们自主选择学校的权利和接受教育的机会，使他们成为最大的受益者。《学会生存》一书指出："当人们获得了选择教育、选择学校的较大自由时，教育成功的机会对每个人来讲就真正实现了平等。"（徐美贞，2004）

4）增强中等职业教育学校的竞争力

当前，我国中等职业教育发展状况不容乐观。据相关学者研究，中等职业学校自身主要面临三大问题：第一，中等职业教育地位不高；第二，学校生源不足，学校间生源竞争激烈；第三，学校教育质量令人担忧（宋映泉，2009）。通过推行中等职业教育券，让学生自主选择就读学校，形成职业学校之间真正的竞争。这将迫使中等职业学校进行改革，改善教育环境，提高其教学质量和效率，以招到更多优质生源，从根源上解决中等职业学校的问题。

在中等职业教育领域引入竞争机制，把选择权更多地赋予学生和家长，使教育这种公共服务具有竞争性和选择性，不失为一种体制的创新。浙江省长兴县在中等职业教育领域推行教育券制度以来，学校的教学质量得到明显提高，招生人数显著增加，生源问题得到很大程度的解决。这给其他地区面临此问题的中等职业学校提供了经验，教育券计划不失为提高教学质量、增强学校竞争力的一味"良药"。

7.1.1.4　长兴县中等职业教育券实践引发的思考

浙江省长兴县实施中等职业教育券制度以来，中等职业教育的社会地位、生源情况、投入机制及学校竞争力等都有不同程度的改善，但中等职业教育券制度并非万能，其自身也存在一些问题有待思考。

1）教育券在中等职业教育中投入的具体细节问题有待商榷

任何制度的推行，都要有一套量化标准来规范，以确保既定目标的实现。在中等职业教育中实施教育券制度也是如此。实施教育券制度，对所有就读中等职业学校的学生发放固定金额的教育券，吸引更多的学生进入到中等职业学校，这未尝不是一件好事。浙江省长兴县中等职业教育实施的教育券计划中，对就读于县域内的职业类学校的新生每人发放面额均为 300 元的教育券，让每个就读于职业学校的学生得到补助。但是该计划对于教育券的投入额度、面值大小、兑现方式、监管工作等细节问题还没有一个统一标准。教育券投入额度是按照生均教育经费还是按照国家投入教育经费比例来确定，确切的依据是什么；发放教育券的面值怎样确定，依据又是什么；资金投入、发放过程、资助程序由哪个部门监督管理。这些细节都有待进一步完善，需要一个量化标准来定位、科学方法来测算。如果没有必要的标准来规范，势必会在制度执行过程中产生不必要的麻烦及负面效应，阻碍制度的实施。

在发放教育券的过程中，每个学生都得到同样面额的补助金。这看似一视同仁，但是不是每个学生的家庭收入水平都是一样的？答案显然是否定的，学生家庭的经济收入水平存在差异性。正是这种差异性的存在，致使同样300元的补助款对每个家庭的作用是不同的。所以，中等职业教育推行教育券时，面值发放可以尝试因人而异，统筹安排，区分对待。

2）政府在中等职业教育中寻求角色的转变

中等职业教育是以学生为主体，实践为主线，理论为指导的直接以就业为目的的教育体系。这决定了中等职业学校要时刻以市场为导向，选择适应市场需求的专业设置与培养计划。中等职业教育的教学实践更是要以现代企业为依托，使专业理论与工作实践相结合，以更好地适应日后工作。这些都决定了中等职业教育要紧跟时代步伐，根据自身情况不断调整战略。

然而，我国传统的中等职业教育体系中，政府占据主体地位，行使职能范围过于宽泛，对学校的具体事务或规定干涉过多。在中等职业教育的决策方面，绝大部分是由政府做最后决断，学校只是服从和遵循。而占主体地位的政府往往不能深入到中等职业学校，政策引导具有滞后性。由此在中等职业学校管理中存在宏观制度与微观管理不协调的弊端，给学校误导性、滞后性指导，严重影响中等职业教育的快速、健康发展。

中等职业教育券制度实施，应是政府宏观决策与微观退出的体现。政府的最基本责任是保证公益性和教育公平。政府是教育制度的决策者，从宏观上把握中等职业教育券制度的推行，退出学校具体事务决策环节。转变政府职能，使政府逐渐成为制度的指引者、服务者、监管者及相关利益的协调者。浙江省长兴县实行的中等职业教育券制度是由政府倡导并具体规划教育券实施的范围、发放数额、审批过程等事宜，虽然把选择权名义上赋予学生和家长，把具体实施权赋予职业中学，实际上仍然未从微观领域退出，学校的掌控权依旧在政府手中。因此，虽然说教育券计划解决了眼前的招生问题、贫困学生入学问题，但是从长远来看并未对相关市场需求趋势和总体前景进行宏观预测和布局，为大批学生日后专业选择、就业问题提供参考等。在现代中等职业教育中，政府应该下放更多的权力，由集众权为一体的控制者变为适当分权的策划者、协调者、服务者和监管者（李娟，2009）。

3）中等职业学校间的差距是否会进一步增大

中等职业教育券的实施，改变了传统意义上政府把教育经费直接拨给学校的做法，而是把经费以教育券的形式分发给学生，使他们可以自主选择学校就读，将竞争引入中等职业学校，提高了中等职业学校的教学质量，这一点毋庸置疑。

众多中等职业学校迫于压力，不断提高教学质量和效率，改善学校的硬件设施，吸引优秀生源。但是，在实施中等职业教育券的地区，家长、学生一般都会在他们所收集到的信息中选择他们认为教学质量好、综合实力强的学校，从而造成优质学校人满为患，一般或次等学校门庭冷落的局面。优质学校因而获得更多的教育券，换取更多的教育经费，进一步提高学校质量和效率；一般或次等的学校则由于收回很少教育券，造成教育经费不足，阻碍学校发展。如此恶性循环，造成好学校越来越好，差的则越来越差，二者差距逐步增大，使得中等职业教育的整体质量得不到实质性的提高。因此，目前我国中等职业教育是否适合大范围地实行教育券制度，引入竞争机制，让教育消费者自主择校，还有待进一步探讨（于小淋等，2011）。

7.1.2 教育券在浙江省的推广

7.1.2.1 瑞安中等职业教育券

2001 年，瑞安市教育局专项拨款 170 万元作为职业学校招生奖金。其中 50%用于改善办学条件，50%作为贫困学生的助学金。不过，职业学校拿到这个招生奖金的方式跟以往有些不同。根据规定，凡是愿意上职高的学生可以到教育局领取额度为200 元的教育券，凭券在入学报到时可以作相应的学费抵缴。2003 年，瑞安市又提高了奖励额度，对就读民办综合高中、民办职业高中的新生，继续以教育助学凭证的形式实行奖励，每个学生在第一学期入学和毕业时可分别享受 200 元的奖金。2004 年，这个数字是 400 元。2005 年是 500 元。2001 年，瑞安市大多数职业学校的招生人数比上年都有较大幅度的增加。民办高中招生占高中阶段总招生数的 27%，比上年增加了 8 个百分点；初中毕业生升高中率达 80.1%，比上年猛增 10 个百分点；普职招生比由原来的 1.5∶1 下降到接近 1∶1。瑞安市计算机学校 2001 年招生人数只有 300 人，2002 年突增至 540 人；瑞安市永久机电学校 2001 年只招到 170 人，2002 年增加了 46 名学生，2003 年招生总数达到 386 人。全市职业高中招生数在 2001 年只有 3956 人，2002 年增加至 5292 人，2005 年接近 7000 人（董伟，2006）。

7.1.2.2　温岭中等职业教育券

浙江省温岭市从 2007 年第一学期针对不同的学生群体发放红色、黄色、绿色三种职业教育券。红色职业教育券的发放对象为就读职业高中、中专、技校的孤儿、低保家庭子女、革命烈士子女、五保供养的未成年人及残疾学生；黄色职业教育券的发放对象为就读职业高中、中专、技校的低保边缘家庭子女；绿色职业教育券发放对象为就读职业高中、中专、技校、综合高中的其他学生。职业教育券将由初中学校向市教育局职成教科申领后，在中考前发放到就读职业高中的学生手中，学生凭中考积分卡和职业教育券到职业学校报名，报名时用红色职业教育券抵学校的学费、代管费，用黄色职业教育券抵学校的学费，绿色职业教育券抵学校学费 200 元。市教育局 2007 年年专项拨出 250 万元用于职业教育券的发放（沈有禄，2010）。另外，再免除 1800～2000 元的学费，学生凭不同颜色的教育券可享受最高减免 2200 元、最低减免 200 元的优惠政策。该市的 5405 名学生成为第一批职业教育券的受益者（杨丽莉，2007）。

7.1.2.3　杭州上城区教师教育券

杭州市上城区教育局首创教师教育券，将师资培训引入市场化运作，将培训费用改成按教师人头发放的教育券，由教师自主选择。除上城区教师进修学校认可的区社教学院、区少年宫等培训机构外，只要是教育厅认可的合格教师培训机构，如浙江外国语学院、杭州师范大学，教师都可参加。具体办法是：教师参加区内培训，根据培训规格确定收费标准，每课时收费高于5元者，除按课时收取教师教育券外，另收取现金。教师参加区外培训，需先支付现金。学期结束确认学分的同时，教师凭教师教育券兑换现金。区内其他培训机构凭教师教育券直接向区教师进修学校兑换现金。区教师进修学校凭教师教育券按面值向区教育局统一结算经费。2009年2月25日，上城区教育局向区内近1000名教师发放了教师教育券，折合人民币约9万元。上城区教育局将每年拨出的约100万元资金用于教师培训（浙江培训网，2009）。

7.1.2.4　杭州大学生就业扶困培训券

杭州市政府在2009年发放了1.2亿元教育培训消费券，主要用于大学毕业生中贫困家庭学生的就业技能培训与职业素质培训，其中在杭州市47所高校的10万应届大学毕业生每人可以领取500元的教育培训消费券，其他学校的学生可以拿着这个消费券去浙江大学参加培训班。浙江大学推出了精心设计的具有较强针对性的54个教育培训项目，共71个模块，特别注重实用性和可操作性，除传统课堂授课外，还引入了全新的培训方式。比如，人才测试培训，帮助学生更明确地定位自己；心理调节技能培训，帮助学生更好地调整应聘紧张心态；计算机技能培训、外语应用能力培训、司法考试应试培训等，提高学生的专业技能水平；还有应聘实战演习、职业素质训练等。考核合格者将获得《浙江大学就业能力培训证书》（周炜等，2009）。此类就业扶困教育券制度顺应了家庭经济困难学生在希望获得经济资助的同时还要掌握求职技能和职业发展素质的需要。

7.1.3　其他地方中等职业教育券实践

7.1.3.1　贵阳中等职业教育券

2005年，贵阳市教育局将教育经费中的一小部分转为教育券，直接发给就读职业学校的贫困学生，由学生自主选择学校报读，学校再用收取的教育券到教育局兑换现金。2005年，贵州省承担着中等职业扩招20%的重任，而贵阳市中等职业扩招数为1万人。在贵阳市教育局多次办公会上久议难决的"职教券"，作为完成职教招生计划的一部"加油器"，也最终浮出水面。2004年，贵州省职业教育专项经费从以前的300万元追加到1000万元，贵阳市职业教育经费也从几十万元增至250万元。此外，贵阳市教育局还从全年教育经费中，专门划拨100万元作为职业教育券试点经费。按规定，凡农村贫困家庭、城市下岗职工、享受社会最低保障等家庭的初中毕业生，均可一次性领取500元面值的"职教券"，报读市属中等职业学校（含中专、职高、技工学校）。2005年试行的"职教券"共2000张，以城市低保家庭学生30%、农村贫困家庭学生70%的比例发放（赵福中等，2006）。

7.1.3.2　长春和延边中等职业教育券

自2004年开始，长春市和延边朝鲜族自治州率先在吉林省内试行了农村职业教育券制度。长春市教育局设立教育券专项资金200万元，由市财政局在扶贫助学基金中拨出，教育券面值为500元，主要向职业学校新入学的贫困学生发放；2004年，延边朝鲜族自治州政府安排专项资金20万元，县市配套20万元，向400名初中应届贫困毕业生（农村280名、城镇120名）发放了面值为1000元的中等职业教育券，持券学生到职业学校入学，冲抵学费1000元。2004~2007年，延边朝鲜族自治州政府共安排专项资金60万元，县市配套60万元，向1200名初中应届贫困毕业生发放了面值为1000元的中等职业教育券（马扬，2007a）。长春市教育局从2004年开始连续三年实行教育券制度，共投入600万元使1.2万名家庭贫困的学生获得资助，实现了上职业学校的愿望。长春市教育局加上各县市区教育局的配套资金，已累计发放了1200多万元的职业教育券，按照每人每年500~1000元的标准，资助给家庭困难的农村初中毕业生（沈有禄，2010）。长春市教育券制度的实施，不仅有效控制了农村初中学生的辍学，而且为农村新生劳动力的转移奠定了基础。几年来，教育券制度已经成为长春市职业学校招生的一项得力保障，

2004～2006 年，长春市职业学校招生人数增加了 1 万多人（马扬，2007b）。

7.1.3.3　芜湖中等职业教育券

近年来，为切实落实国家资助贫困家庭的各项政策，关心弱势群体子女的受教育权，芜湖市采取了一系列措施，促进区域内教育均衡发展。制定《芜湖市中小学困难家庭子女助学办法》，对义务教育阶段困难家庭学生和残疾学生免收杂费和书本费，补助寄宿学生生活费；确定定点学校或就近分散就读学校，解决进城务工人员子女的入学问题，并与本地学生享受同等待遇，等等。2006 年又对就读职业高中的农村学生发放职业教育券，凡是芜湖市农村中学应、历届初中毕业生，2006 年报考芜湖市各类中等职业学校者均可享受职业教育券优惠政策。职业教育券面值为 400 元人民币，由市教育局、市财政局、市劳动和社会保障局联合印制，随同《中招指南》发放到每一个考生手中。被录取在芜湖市中等职业学校的农村考生持录取通知书和职业教育券到校报到时，可用职业教育券冲抵 400 元学费。2006 年秋季招生实行职业教育券的学校包括：芜湖市职业教育中心（芜湖应用技术学校）、芜湖工业学校、芜湖师范学校（芜湖实用艺术学校）、芜湖信息技术职业院附属信息工程学校、芜湖市劳动局技工学校、安徽芜湖机械技工学校、芜湖河运学校、芜湖仪表技工学校、芜湖造船厂技工学校、芜湖中华职业学校（刘晓春，2006）。

7.1.3.4　成都中等职业教育券

成都市政府决定从 2009 年起在成都市实施中等职业教育券；对成都市户籍的初中毕业生就读中等职业学校进行学费补助。户籍在成都市 19 个区（市）县和高新区，就读成都区域内具有招生资格、收取中等职业教育券的全日制中等职业学校的一、二年级学生可以享受中等职业教育券的补助，每位学生累计享受两次。当年 9 月 20 日前，学生持加盖公章生效的中等职业教育券、本人户口簿原件和录取通知书等资料自主选择能够收取中等职业教育券的成都区域内全日制中等职业学校报到（二年级学生回原就读学校报到），经学校审核并确认符合条件后，学生凭券抵扣学费 1200 元。中等职业教育券采取实名制发放管理，限申领者本人使用，并于当年 9 月 20 日之前使用，过期作废（成都市教育局办公室，2009）。每人每年 1200 元的中等职业教育券已经发放完毕，惠及全市 8.9 万余名中等职业学校的学生。今后，成都市将根据经济社会发展水平确定中等职业教育券面值标准，最终实现基本免费的中等职业教育。教育券所需经费根据区域经济状况，由市、区（县）两级财政分担（四川省教育厅，2009）。

7.2　对我国各地中等职业教育券实践的评述

7.2.1　改革的最初动力源自对中等职业教育的扶持

改革的最初动力来自对中等职业教育的扶持，方式是通过资助农村及城镇贫困家庭子女一定经费数量的教育券以提高他们就读中等职业学校的意愿和动机。2005 年《国务院关于大力发展职业教育的决定》指出，中等职业教育招生与在校生规模要与普通高中的招生与在校生规模大体相当；高等职业教育招生规模占高等教育招生规模的一半以上。尽管调整中等教育与高等教育中的职业教育与普通教育的结构的引导与鼓励政策已出台多年，但长期以来，人们对职业教育持有一种成见，认为去职业学校就低人一等，尤其是在经济发达地区，这种思想更甚；另外，职业学校的学费较普通高中要高，许多贫困家庭及城镇低收入家庭的学生即使想上职业高级中学（简称职高）或中等专业学校也对较高的学费望而止步。因此，要达到国家规定的职业教育类在校学生规模与普通教育类在校学生规模近1∶1 的比例，的确是件不容易的事情。

为此，各地对增加贫困家庭子女及普通家庭子女就读职业类中学或中等专业学校的数量可谓是使足了劲儿。如浙江省长兴县在鼓励初中生就读职业中学时，采取了很多旨在扩大普通高中供给和增加职业高中入学人数的措施，包括：①给初中毕业班班主任下达任务，让初中毕业班班主任动员学生报考职业高中；②调整职业高中的布局，将长兴职业技术学校、长兴高级职业中学、长兴煤田地质学校三所学校合并，建成长兴县职业技术教育中心；③增加对职业高中的经费投入，调低各个职业高中的学费标准（2001 年，职教中心的学费由 1100 元/学期降为 800 元/学期，再减去教育券可抵减的 300 元学费，每个学生入学当年实际上需要交纳的学费为 500 元）；④恢复已经停办的各镇的成人教育附属职高班；⑤批准长兴县职业技术教育中心和浙江湖州市清泉（国际）文武学校开设综合高中班等；⑥实行政府委托培养，将职高学生培养与政府人才库建设结合起来；⑦对就读民办学校和职高的学生直接给予补贴或减免学费；⑧给予民办学校教师同等于公立学校教师的待遇，促进教师发展和提高办学质量，吸引生源；⑨增加职高助学金贷款和奖学金等；⑩初中强制分流；⑪发放教育券（沈有禄，2010）。

长兴县的中等职业教育券制度实施以来，长兴县的经济社会事业取得了很大进步。①实行教育券以来，长兴县没有一个贫困学生因贫困而辍学，长兴县学生入学率分别为小学生 100%、初中生 99.8%、三残儿童 98.5%；②职业教育得到健康稳步发展，2000 年，长兴县职业高中招生人数为 1403 人，2001 年实施教育券制度以后迅速增加到 2002 人，2002 年长兴县全县普职招生比达到 1∶1.08；③民办学校得到政府信誉、经费支持，快速发展，改善了投资环境，增强了吸引外来资金投资教育的能力；④通过农村技能培训教育券，帮助 9112 名农村剩余劳动力掌握技能，加快了他们从土地上转移的速度，推动了长兴县的城乡一体化进程。长兴县实施教育券的做法迅速引起了浙江省内外的关注。目前，浙江省 40 余个县市区推行实施教育券制度，而在近期实施的省长四项工程（"农村中小学家庭经济困难学生资助再扩面工程""农村中小学生均公用经费保障工程""中等职业学校家庭经济困难学生爱心营养餐工程""农村中小学书香校园工程"）中，"农村中小学家庭经济困难学生资助再扩面工程"和"中等职业学校家庭经济困难学生爱心营养餐工程"都采取了教育券的资助形式（沈有禄，2010）。

7.2.2　实施范围较小，但方式值得肯定

虽然我国各地目前实施的中等职业教育券无论是从资金的规模上来说，还是受益的学生群体来说，规模还是相当小的；但是改革的方式是值得肯定的，尤其

是其以增量改革的方式，在不改变原有拨款体制的前提下，通过一小部分经费的拨款新机制来释放机制改革的力量，从某种角度上看，既提高了经费的使用效率，也在一定程度上拉动了其他渠道对中等职业教育的投资。

改革开放至今，我国所有的改革几乎都遵循同样一条道路进行，就是在不改变原有体制和制度的前提下，以原有制度为保障和依托，在原有体制下，开辟一条新的路径，即以增量改革的方式，通过近似的新的制度在不与原有制度冲突的前提下加以试点实施，根据实施效果逐步加大实施的渠道和范围，从而达到改革的目的。从各地中等职业教育券实践情况来看，中等职业教育投入方式的改革就是遵循了这样一条道路。各地实行中等职业教育券的规模都很小的原因在于，任何一种新制度的选择都是有政策成本及其机会成本的，如果执行不好，其机会成本会大到让政策制定者不愿意执行该政策而放弃它，或者不改革以保持现状。此外，任何一次新的改革都是对利益的重新分配的过程，在这一过程中，原有的既得利益群体会极力反对对自己不利或损害自己既得利益的任何新方案、新政策的实施。所以，各地的中等职业教育券只能将总教育经费的极小一部分（如各地执行的经费也就最多只有几千万，少则几十万）拿出来做试点，一方面有可能得以顺利实施，开辟寻求新的改革机会的路径；另一方面也保证了原有的制度不会受到根本性的破坏。

虽然，实施范围规模小，但是这种新生的制度优势也得到了体现，如它带动了体制外资金对中等职业教育的投入，在一定范围内拓展了中等职业教育投入的主体多元化，起因于民间资金对中等职业教育的投入。如浙江省长兴县教育券制度的实施就有效地吸纳了民间资本的教育投入（浙江省财政厅办公室课题组等，2008）。

7.2.3 贫困学生家庭免费接受中等职业教育

于 2009 年开始实施的贫困学生家庭免费接受中等职业教育为中等职业教育券在全国较大范围内的实施开创了理想的条件。根据党的十七届三中全会精神和2009 年《政府工作报告》关于"大力发展职业教育，特别要重点支持农村中等职业教育。逐步实行中等职业教育免费，今年先从农村家庭经济困难学生和涉农专业做起”的要求，经国务院同意，从 2009 年秋季学期起，对中等职业学校农村家庭经济困难学生和涉农专业学生免学费。《关于中等职业学校农村家庭经济困难学生和涉农专业学生免学费工作的意见》（财教〔2009〕442 号）规定：免学费工作涉及面广、政策性强，根据"中央政策引导、地方统筹安排、积极稳妥起步、逐步推进实施"的原则，从 2009 年秋季学期起，对公办中等职业学校全日制正式学籍一、二、三年级在校生中农村家庭经济困难学生和涉农专业学生逐步免除学费（艺术类相关表演专业学生除外）。西藏自治区和新疆维吾尔自治区的喀什市、和田市、克孜勒苏柯尔克孜自治州等农村户籍的学生全部享受免学费政策；其他地区享受免学费政策的农村家庭经济困难学生分地区按以下比例确定：西部地区按在校生的 25%确定；中部地区按在校生的 15%确定；东部地区按在校生的 5%确定。中央财政参照上述比例安排中央补助资金。各地可根据实际，合理确定行政区域内农村家庭经济困难学生的比例。涉农专业为 2000 年教育部发布的《中等职业学校专业目录》（教职成〔2000〕8 号）中的农林类所有专业，具体包括：种植、农艺、园艺、蚕桑、养殖、畜牧兽医、水产养殖、野生动物保护、农副产品加工、棉花检验加工与经营、林业、园林、木材加工、林产品加工、森林资源与林政管理、森林采运工程、农村经济管理、农业机械化、航海捕捞，以及能源类的农村能源开发与利用和土木水利工程类的农业水利技术等 21 类专业。对因免除学费导致学校收入减少的部分，通过财政给予的补助和学校开展校企合作及顶岗实习获取的收入来解决，以保证学校正常运转。具体办法是：第一、二学年学校因免除学费导致的运转经费缺口，由财政按免除的学费标准给予补助；第三学年学校因免除学费导致的运转经费缺口，原则上由学校通过校企合作和顶岗实习等方式获取的收入予以弥补，对涉农专业和经认定顶岗实习有困难的其他专业，由财政按一定标准给予学校顶岗实习补助，具体办法由国务院相关部门另行制定。免学费标准按各省（自治区、直辖市）人民政府及其价格主管部门批准的学费标准确定。对在政府职业教育行政管理部门依法批准的民办中等职业学校就读的一、二年级符合免学费政策条件的学生，按照当地同类型同专业公办中等职业学校免除学费标准，给予补助。免学费补助资金，由中央财政统一按照每生每年平均 2000 元标准，与地方财政按比例分担。

如果按照中央与地方对贫困家庭学生免除学杂费的财政补贴的分担比例来设计一个全国范围内的教育券，可以将免费补贴分成 10 等分，其中发行中央统一的教育券，发放对象为西部、中部生源及西藏和新疆等特殊边境民族地区的贫困家庭学生，其面值涵盖中等职业教育免费标准的 80%、60%、100%，这样西部、中部或西藏和新疆等特殊边境民族地区的贫困家庭学生无论是在西部、中部，还是在东部上学，都可以享受国家规定的中央财政补贴。这样，中等职业教育券补贴了相当一部分贫困家庭学生能够接受中等职业教育，为他们进行人力资本投资提供部分保障，使他们看到自己没有被政府遗忘，增加了他们接受中等职业教育的意愿和机会。这既保证了他们平等的受教育权，也增强了他们对国家和社会的认同感，尤其是那些西藏、新疆等特殊边境民族地区的家庭学生，让他们不至于感觉自己被社会边缘化，而是享受到政府的关爱，增强了他们的民族与国家认同感。这是维护当前边疆、民族地区稳定性和推进当地经济社会发展的重要保健性因素。对涉农专业的学生全国统一发放相同面值的教育券，学生自主择校后，如果到教育券面值不足以弥补学费的学校或地区择校求学，则自己弥补不足部分。如此，对全国西部、中部及西藏和新疆边境民族生源地的贫困家庭学生及涉农专业学生发放全国统一的教育券，是对中等职业教育财政拨款的一种增量改革方式，没有从根本上触动原有的拨款体制。这部分增量资金的来源是中央的补助金，来自中央专门的财政转移支付，可以以教育券的形式发放给上述生源地的贫困家庭学生及涉农专业学生，让他们自由选择地方、学校上学。这种对资助金以教育券的形式发放的改革，是有国家政策依据的。据《教育部关于加快发展中等职业教育的意见》（教职成〔2005〕1 号）规定："各地要建立健全中等职业学校学生助学制度，可采用教育券、贷学金、助学金、奖学金等办法，对家庭贫困学生提供助学帮助。国家和地方扶贫资金要安排一部分用于资助农村贫困学生接受中等职业教育。"

这种首先从中等职业教育的助学金资金部分开始的体制内增量改革，等到实施效果比较理想时，再对体制内的其他部分拨款加以改革创新，也以教育券的形式拨款，如此，全国范围内的中等职业教育券就实行开来了。

可见，2009 年开始实行的对贫困家庭学生及涉农专业学生提供免费中等职业教育，将全面提高国民素质，是把我国巨大的人口压力转化为人力资源优势的重要途径；是优化教育结构，促进教育公平和社会公正的有效手段；是推进我国走新型工业化道路，建设社会主义新农村，调整产业结构，促进就业再就业的重大举措；是继全部免除城乡义务教育阶段学生学杂费之后，促进教育公平的又一件大事，具有重要的现实意义和深远的历史意义（沈有禄，2010）。

8 我国中等职业教育券的使命、设计、操作流程与配套措施

8.1 中等职业教育券的现实使命

教育券的现实使命在于教育券究竟要解决什么问题。"教育券"到底要解决什么问题？从美国来说，它主要想解决一个效益、公平的问题。但要解决这个问题，必须引入竞争机制，必须有所选择。教育券最关键、最核心的实质是效益与公平（曲恒昌，2003）。中等职业教育券除了具有增加学校的效益和促进社会公平的使命外，还有促进资源的合理配置、加快中等职业教育体制改革的使命。

8.1.1 促进教育资源的合理配置，增加社会效益

目前，"中等职业学校在面对市场办学，面临生存竞争和发展方向抉择时，处处布满导致冲突的引爆点。例如，学生抱怨办学条件不完善，教职工认为福利不好、考核不公，科室感觉任务不平衡，校长感到人事权的局限性、校园占地面积不足、经费拮据，等等。这就是说，在竞争的时代，中等职业学校自上到下、由小到大、从内到外都因资源贫乏等因素而埋下冲突的隐患"（罗燕，2005）。在这种社会背景下，引入教育券制度可以促进公立学校和私立学校之间的竞争，"从市场机制角度来讲，私立学校及其带来的自由择校机制，恰恰通过竞争发生作用"（俞云峰，2008）。教育券制度是政府将用于教育的公共经费以学券的形式直接发给家长（学生），而不是划拨给学校，家长（学生）可以用学券来支付所选学校的学费和相关教育费用的一种支付方法。教育投资一般由国家、个人和民间三部分的投入组成。当前，我国教育投资现状是：国家投入严重短缺，社会办学力量不足，个人需求难以满足，优质教育资源匮乏（庞

小燕，2007）。教育券制度的实行有助于促进教育资源的市场化进程，并通过资源配置的市场化改革，使教育资源得到最优配置，提高资源利用效率（史晓龙，2006a）。

从学生的角度来说，通过教育券自由选择学校，有效地减少了学生因为学费等各种因素造成的随意选择专业的可能性，为学生的未来发展提供了机会选择的余地；从机会成本上来说，也具有一定效益性。

8.1.2　保障弱势群体获得平等教育权，实现社会公平

教育券是一些国家的政府用来促进教育机会平等的一种典型方式（陈中原，2004）。教育券的推行首先从保障学生的受教育权开始。"实行'教育券制度'，每个地区、每个学生都发一样多的'教育券'，这等于把政府提供的教育资源平均地分发给了学生，这样就不会出现有的学生上好学校、有的学生上差学校甚至无书可读的情况了。当然，如果有人需要上更好的学校，仍然是可以的，那就是他除了用政府给的'教育券'作学费，还可以自己额外出钱，要求得到更好的教育。这样有的人依然能得到更好的教育，但又不是以牺牲穷人的利益为代价的。"（史晓龙，2006a）

从实践的角度来看，我国很多城市的扶贫性中等职业教育券与哥伦比亚的教育券具有很高的相似性，都是从本国的实际情况出发，采纳了更加注重"教育公平"、关注社会弱势群体的詹克斯模式，体现出鲜明的"限制性"和"排富性"特征（彭敏，2010）。"排富性""限制性"较高的教育券，出发点就在于它的保障性和公平性，保障持券的学生接受中等职业教育的平等权，实现社会公平。

8.1.3　加快中等职业技术教育体制改革，推进职业教育制度创新

教育券的发放有助于避免资助信息的低水平重复建设问题。目前，大力发展中等职业教育，主要体现在国家政策的倾斜上。国家在全国范围内发放中等职业教育助学金，为农村学生及城市家庭经济困难的学生等发放补助，人均每年 1500 元。虽然中等职业教育的资助在实施过程中，从信息技术等角

度出发，在一定程度上保障了国家对中等职业教育的资助，但存在低水平重复性建设的情况。学校的招生部门会按照上级教育专管部门的要求，建立一套全校学生的生源信息档案；而助学金的主管部门，仍然要根据资助的相关要求，建立另一套全校学生的信息档案，已备上级主管部门掌握助学金学生的个人信息及占全校学生的比例等问题。实施教育券制度，招生部门掌握学生的基本信息，如实反映在信息系统中并反馈给上级主管部门，能够有效避免低水平的信息重复建设。

教育券能够有效减少经费的截留和挪用，有利于转换政府投资职业教育的方式，完善中等职业教育拨款机制。从拨款方式上看，政府将职业教育需要投入的资金，通过教育券的形式发给需要接受职业教育的学生，学生入学后将券转给学校或相关教育及培训机构，再由券的最终持有部门向上级主管部门兑换资金。这"有利于降低传统经费在运作过程中的消耗，一定程度上可以解决经费截留、挪用等问题，也可保证专款专用，让同等数量的教育经费转化出更高的教育效率，使政府在转变观念的同时，加强相关制度的建设，加强教育制度的创新"（王曦等，2009）。

8.1.4 促进教育消费，拉动内需

拉动内需要从直接给弱势阶层发教育券开始，教育券能够保障弱势群体家庭积极参与教育消费。把教育经费直接拨给地方政府可能会被挪用，还不如给一个贫困家庭的孩子 5000 元，直接送到人家手里，作为教育费用专款专用。通过政府开支刺激经济，上策是投资性的，下策是消费性的。凯恩斯对前者曾经有番评论。在他看来，市场经济变幻莫测，政府大量开支能否拯救经济具有不确定性。不过，这里有个底线：政府投资性的开支，如基础设施建设等，即使没有取得一时之效，甚至基本失败，这钱也不会白白浪费。毕竟建设的那些设施人们都在用，从长期看仍然为经济作出了贡献（薛涌，2009）。全国人大代表、广州汽车集团股份有限公司副董事长兼总经理曾庆洪在关于应对金融危机拉动内需的建议中表示，政府应该把工作从以经济增长为主转移到以社会发展为主，主动承担起在基础教育、公共医疗、劳动就业、廉租屋建设和社会保障等方面的职能，从而和当前的扩大内需结合起来。

中国的经济正面临着产业升级的挑战，但大量人口（特别是农民和民工子弟）得不到良好的教育，就不可能为未来的产业升级提供足够的高技术工人。所以，政府应该采取一些倾斜性政策，考虑直接给弱势阶层发送教育券（丁彬，2009）。

8.2　中等职业教育券的组织系统结构设计

本书认为，无论是公共教育券还是私人教育券，都应该经过严格的程序设计才能最终得以实施，其合理设计的目的都在于保障教育券制度的顺利实施，以促进职业教育的进一步发展。因此从设计的环节来说，每一个环节都应该通过严格的理论设计来完成，具体包括组织程序设计、发放金额的设计等。

教育券的组织程序设计主要是针对教育券发放的有效性和有序性。教育券的发放有别于当前现金资助的"教育专管部门→学校→学生"的发放程序，而是"学生户口所在地的派出所（合作者）→学生→学校（执行者）→教育主管部门（组织者）"这样的程序。虽然程序设计中多了地方派出所，但是这样更能有效保证学生所得的教育券能让学生真实收益；而且通过代金券的形式发放，有助于避免资金的截留和浪费，能够保障教育券实行的有序性。其组织系统结构设计如图8-1所示（贾琳琳等，2011）。

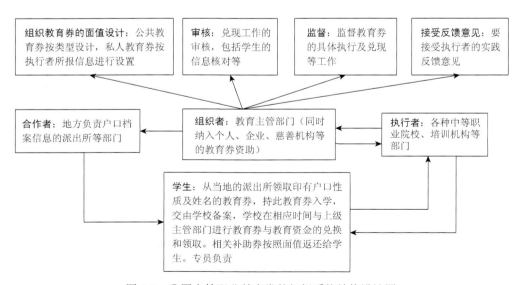

图 8-1　我国中等职业教育券的组织系统结构设计图

8.3 教育券的设计：普通教育券与补助教育券

8.3.1 "普通教育券"

考虑国家将逐步实行免费中等职业教育，因此可以用弗里德曼的思想对全国的中等职业教育的学生发放一张全国统一面值的"普通教育券"（general voucher），这张教育券的面值可以是全国各地中等职业教育的生均预算内事业经费的平均值。如果刚开始不便于拿出这么多的资源以教育券的形式配置，则可以将范围再缩小一点，以全国各地中等职业教育的生均预算公用经费的平均值为第一张教育券的面值，待执行效果明显后再扩大到预算内生均事业费的面值。这张"普通教育券"也可以定义为"非排富性教育券"，即只要是接受中等职业教育的学生都能获得这张"普通教育券"，以反映和保障每个中职学生平等的受教育权及其自由择校的权利。

8.3.2 "西部教育券"与"中部教育券"

考虑到学生的家庭经济状况不同，应该再设计一类补助性质的教育券，即"补助教育券"（compensory voucher）。这张"补助教育券"可以根据学生生源地及其家庭贫困的不同程度而进行差异设计，如可以设计"西部补助券""中部补助券""深度贫困补助券""普通贫困补助券"。只要生源地是西部地区的中等职业学校的学生都能领取"西部补助券"，只要生源地是中部地区的中等职业学校的学生都能领取"中部补助券"，西部地区生源不能领取"中部补助券"，中部地区生源也不能领取"西部补助券"；东部地区的学生可以根据其家庭经济贫困程度与中西部地区的贫困生一并领取"深度贫困补助券"和"普通贫困补助券"。

如国家从 2009 年秋季学期起，对中等职业学校农村家庭经济困难学生和涉农专业学生免学费，《关于中等职业学校农村家庭经济困难学生和涉农专业学生免学费工作的意见》（财教〔2009〕442 号）规定："中央财政统一按每生每年平均 2000 元测算标准和一定比例与地方财政分担，具体分担比例为：西部地区，不分生源，分担比例为 8∶2；中部地区，生源地为西部地区的，分担比例为 8∶2，生源地为其他地区的，分担比例为 6：4；东部地区，生源地为西部地区和中部地区的，分担比例分别为 8：2 和 6：4，生源地为东部地区的，分担比例分省确定。"可见只要是西部地区的生源，其中央补贴的分担比例都是 80%，中部地区生源其中央补贴的分担比例都是 60%，因此可以将对农村家庭经济困难学生及涉农专业学生免除学费这部分的中央财政补贴以"西部教育券"与"中部教育券"的形式执行。只要是"西部教育券"持有者，无论他是在西部还是在中部或东部地区上学，其从国家中央财政获得的免学费补贴都是 2000 元×80%=1600 元；而只要是"中部教育券"持有者，无论他是在中部或东部地区上学，其从国家中央财政获得的免学费补贴都是 2000 元×60%=1200 元；如果中部生源或东部生源要到西部地区的中等职业学校去上学，其从国家中央财政获得的免学费补贴都是 2000 元×80%=1600 元，针对这部分到西部中等职业学校上学的非西部生源的中等职业学校的学生可以先持有其"中部教育券"，等到西部地区后再与当地学校及教育主管部门联系，核实其生源地身份后，再享受与西部生源同等的免学费补贴。而这部分免除学费的中央财政补贴的规模不是很大，可以以这部分经费先作为国家层面的中等职业教育券的试点。据报道，"2010 年中职国家免学费资金 88 亿元，其中中央财政支出 43.02 亿元，比 2009 年增长 79.25%"（林露，2011）。

可见这部分免除学费的中央财政补贴也就只有 40 多亿，完全可以将其按"西部教育券"与"中部教育券"的形式发放到西部生源地及中部生源地的教育主管部门，设计的时候可以多印刷一些。等这类生源地的学生拿着具有当地户籍主管部门及教育部门盖章的这类教育券（盖生源地的户籍主管部门及教育主管部门的章后方有效）并择校（可能是在西部上学，也可能是在中部或东部上学）后，学校再将其收到的学生上缴的有效"西部教育券"或"中部教育券"到当地财政主管部门领取相应的免学费的中央财政补贴。多印刷的教育券如果最后没有盖章却也得到学生的有效使用，也没有浪费国家的财政支出。

8.3.3 "深度贫困补助券"与"普通贫困补助券"

上述免除学费的"补助教育券"的受益学生面不是很大，资助额度也不是很高,而一般的国家助学金能进一步提高贫困学生的资助面与资助额度。2007年国务院发布的《国务院关于建立健全普通本科高校高等职业学校和中等职业学校家庭经济困难学生资助政策体系的意见》(国发〔2007〕13号)指出要建立健全家庭经济困难学生资助体系,其中涉及中等职业学生资助的内容具体为:"完善国家助学金制度。中央与地方共同设立国家助学金,用于资助普通本科高校、高等职业学校全日制本专科在校生中家庭经济困难学生和中等职业学校所有全日制在校农村学生及城市家庭经济困难学生。资助标准为每生每年1500元,国家资助两年,第三年实行学生工学结合、顶岗实习。"国家助学金所需资金由中央与地方按照国家励志奖学金的资金分担办法共同承担,其中中央分担办法与上述免学费中中央财政补贴分担的办法一致,而且"人口较少民族家庭经济困难学生资助资金全部由中央负担,鼓励各地加大资助力度,超出中央核定总额部分的国家励志奖学金所需资金由中央给予适当补助,省(区、市)以下分担比例由各地根据中央确定的原则自行确定。有条件的地区可以试行运用教育券发放国家助学金的办法"。这一意见还指出了可以试行运用教育券发放国家助学金的办法,第一次以国家政策的形式肯定了教育券作为配置教育资源的一种形式,而且国家也是鼓励和愿意指导此类行为的。据报道,"2010年全国中等职业学生资助经费共计258.4亿元。中职国家助学金170.4亿元,其中中央财政支出80.28亿元,地方财政支出90.12亿元"(林露,2011)。

可见,中等职业学生国家助学金也可以以教育券的形式发放,如以"普通贫困补助券"的形式对全国中等职业学校所有全日制在校农村学生及城市家庭经济困难学生发放,这样又可以将中等职业教育券的面和额度进一步拓展开来。但是一张"普通贫困资助券"不足以资助家庭特别困难的学生,因此可以再进一步增发一张"深度贫困补助券",如可以对20%或30%的农村学生和城市家庭经济困难学生发放"深度贫困补助券",这样将进一步弥补特别困难学生的生活费用,进一步增加中等职业教育对特别困难家庭学生的吸引力,从而更好地引导中等职业教育的发展,是一件促进社会公平和教育事业壮大发展的双赢事情。

另外还可以根据国家鼓励和重点资助的不同艰苦行业和专业的中等职业学校的学生设立"艰苦行业/专业补助券",引导和鼓励学生选择此类专业,培养国家需要的特殊行业/专业人才，促进社会经济的协调发展。

8.4　中等职业教育券的操作流程与配套措施

8.4.1　中等职业教育券的操作流程

中等职业教育券的完整操作流程，具体包括中等职业教育券种类的设计、不同类型中等职业教育券的发放、中等职业教育券的回收、中等职业教育券所需资金的兑换、不同类型中等职业教育券受资助者的甄别、中等职业教育券执行的监督。

设计环节。这里仅对中央政府投入经费部分进行设计，中央政府根据上述学生的生源地及家庭经济状况设计不同类型的生源地教育券、贫困补助教育券和专业补助教育券，设计时不同类型教育券的张数可以印制得比当年中等职业学校在校生的规模大一些，具体以回收的有效教育券数量兑换资助金额。

发放环节。对于刚毕业的初中生，只要其有上中等职业学校意愿，都可以在当地教育主管部门领取适合其学生特质（生源地、家庭贫困状况、专业性质）的教育券，再在所获得的教育券盖上其毕业初中学校及教育主管部门（教育局）的公章，以及当地户籍主管部门（派出所）的公章。盖上这三个公章的教育券，学生选择上学的学校才能接受，才是有效的教育券。分发中等职业教育券时大致根据当地初中毕业生数的一半来分发，因为目前初中毕业生中选择上普通高中的学生还是多于上中等职业学校的学生，所以分发相当于当地初中毕业生数的一半的中等职业教育券就够了，部分中等职业教育特别发达地区（中等职业学校在校生大于普通高中在校生地区）可适量多分发一些。对于已经在校的中等职业学校学生可以根据上一年的基数来分发。

回收与兑换环节。当中等职业学校收到学生交上来的有效教育券后，学校将其汇总，得到当地教育主管部门的审批后再到当地财政主管部门兑换相应的中央财政补贴及地方配套的财政补贴。

不同类型中等职业教育券受资助者的甄别环节。对于"艰苦行业/专业补助券"的受资助者，凭学生获得的学校录取通知书上的专业即可认定；对于生源地教育券的受资助者，根据初中毕业生所在地的教育及户籍主管部门即可认定；对于"普通贫困补助券"的受资助者,根据初中毕业生所在地的家庭经济困难认定标准(全国应该有一个统一的指导标准,但各地的相对贫困比例应该相同)认定;对于"深度贫困补助券"的受资助者可以按一定的比例认定,这个比例可以是各地 20%~30%的家庭经济困难学生数。

执行监督环节。对于总的印制的教育券比实际上缴的教育券要多的问题,有的学校或教育主管部门可能存在虚报(夸大)学生数的情况,来骗取国家财政补贴。对于这类学校及地区要有相应的监督与处罚制度。目前国家对这类行为的惩罚措施是取消其来年申请国家资助的资格,但今后应继续加大对此类违法行为的查处力度;公共媒体及舆论要发挥好监督作用;学校及教育主管部门和财政主管部门每年进行项目的政务、财务公开,并接受审计,接受大众的监督,不公开的单位要接受处罚。

8.4.2   中等职业教育券的配套措施

中等职业教育的配套措施主要涉及建立学生贫困状况的甄别系统(学生信息系统)及监督保障体系。

8.4.2.1   学生信息系统

可由教育主管部门、学校与生源地具有学生家庭经济状况及户口信息的民政部门、地方派出所等部门建立合作关系,建立共享的信息管理系统,就像铁路部门实行的动车组实名制售票的方法一样,在网上进行相关受资助者的信息查询,在不重复且认证准确后再予以发放。因为教育券最终应该由中等职业学校(包括各级培训机构)和上级教育专管部门之间进行兑换,所以执行者最终确定为各个中等职业学校及相关培训单位。学生从当地的派出所领取印有户口性质及姓名的教育券,持此教育券入学,交由学校备案,学校在相应时间与上级主管部门进行教育券与教育资金的兑换和领取。相关补助券按照面值返还给学校(贾琳琳等,2011)。

8.4.2.2   中等职业教育券的监督

在中职教育券类型的设计及学生所获得不同类型的教育券上,社会和舆论机构可以充分发挥监督机制，使得真正需要不同类型教育券的人能最终获得与其家庭经济状况相符合的教育券，帮助真正需要帮助的人，提高有限经费的使用效率。可以通过家长举报、信件及网络匿名举报、媒体舆论监督等措施保障教育券的执行过程公开、透明、公正，使人人都得到与其家庭经济状况相对应的不同类型教育券的资助。

8.5　小　　结

综观本章所述，每一个学生都可以获得"普通教育券"；西部生源学生获得"西部教育券"，中部生源学生获得"中部教育券"；困难学生获得"普通贫困补助券"，特别困难学生获得"深度贫困补助券"，就读艰苦专业的学生获得"艰苦专业补助券"。如果一个学生具有上述多种身份，则其可以获得与之对应的多张教育券，这样算下来，一个经济条件困难的学生上中等职业学校几乎不用花钱，经济状况稍好一些的学生上中等职业学校不用花太多钱，这样将在全国范围内进一步增强中等职业教育的吸引力，最终达到中等职业教育与普通高中教育招生规模和在校生规模相当的状况，促进中等职业教育与普通中等教育的协调发展，为"中国制造"培养更多的技术工人，为"中国创造"打下制造工艺所需的人才基础。在中等教育券的执行过程中建立好良好的学生信息甄别系统，再配以完善的舆论监督体系，先通过中央财政中对中等职业教育的各类助学金性质经费试行以不同类型的中职教育券来发放，在操作过程公开、透明、公正的前提下，配以完善的舆论监督，在中央助学金类教育券实施效果明显后，再在更大经费范围内试行中等职业教育券，最终将中等职业教育生均公用经费及事业经费均以教育券的形式来发放，且中央和地方按约定比例分担各自的投入。因为逐步免费的中等职业教育具有越来越大的正外部性，越来越具有纯公共产品的属性，所以总的原则应是中央投入部分进一步加大，进而带动地方的投入。而且通过中等职业教育券可以实现公共教育资源与私人教育资源配置的公平诉求与效率诉求的统一（沈有禄，2011）。

参 考 文 献

阿瑟·奥肯. 1988. 平等与效率——重大的权衡. 王忠民等译. 成都：四川人民出版社：156.

保罗·萨缪尔森, 威廉·诺德豪斯. 1999. 经济学. 第16版. 萧琛等译. 北京：华夏出版社：267-268.

柴葳, 余冠仕. 2007-03-07. 全国人大代表唐晓青：企业应合理分担职业教育投入. 中国教育报, 002.

常红, 张海燕. 2009. 职业教育经费：政府投入为主、社会各界多渠道支持. http：//npc.people.com.cn/GB/10655967.htm[2016-02-03].

陈丹辉. 2001. 中等职业教育内涵初探. 北京成人教育, （11）：6-8.

陈东, 綦建红, 王建, 等. 2003. 关于教育券制度的经济学思考. 中央财经大学学报, （10）：76-79.

陈立. 2004. 西方高等教育视野中的教育券问题. 外国教育研究, （3）：34-38.

陈丽平. 2009. 中等职业教育免费期待立法支持——中职在校生达2056万人与普通高中教育规模大体相当. http://www.legaldaily.com.cn/index_article/content/2009-06/13/content_1110461.htm[2016-01-23].

陈瑞昌, 董康. 2008-08-29. 南京向困难家庭发放"幼儿助学券". 中国教育报, 001.

陈中原. 2004-11-05. 教育券：好主意？坏主意？中国教育报, 6.

成都市教育局办公室. 2009. 成都市中等职业教育券实施办法. http：//news.xinhuanet.com/edu/2009-06/28/content_11615035.htm[2015-06-28].

程立显. 2002. 伦理学与社会公正. 北京：北京大学出版社：94.

邓永宏, 刘俊学. 2005. 试论基于"教育券"的高等教育运行机制. 湖南社会科学, （2）：153-155.

丁彬. 2009-03-06. 曾庆洪：给弱势阶层发送教育券. 第一财经日报, A14.

董伟. 2006-04-20. 发放教育券能否拯救职业教育. 中国青年报, S2.

方芳. 2007. 中等职业教育财政制度的现状和面临的问题. 继续教育研究, （1）：67-70.

方钧君. 2007. 基于教育券思想的政府投资幼儿教育政策研究. 上海：华东师范大学博士学位论文：1.

付瑞雪. 2005. 不让"公平优先"就会使效率大倒退. http://news.phoenixtv.com/phoenixtv/83886191669149696/20051202/700831.shtml[2005-12-02].

高鸿业. 2000. 西方经济学. 第2版. 北京：中国人民大学出版社：432-433.

郭兵. 2011. 保定市中等职业教育校企合作现状与对策. 河北科技师范学院硕士学位论文：7.

郭振纲. 2005-11-09. 发展职业教育是我们的必然选择. 工人日报, 003.

郭志鹏. 2001. 公平与效率新论. 北京：解放军出版社：99.

国家统计局. 2007. 2007中国统计年鉴. 北京：中国统计出版社.

国家统计局. 2008. 2008中国统计年鉴. 北京：中国统计出版社.

国家统计局. 2009. 2009中国统计年鉴. 北京：中国统计出版社.

韩春蕾, 杨益民. 2008. 高等教育个人投资非市场化收益若干问题研究. 山东商业职业技术学院学报, （3）：30-33.

郝艳青. 2003. 智利教育券计划透视. 世界教育信息, （5）：18-20.

贺武华. 2004. 教育券在中国实践的再认识. 比较教育研究, （10）：72-77.

贺武华. 2007. 美国私立教育券探析. 职业技术教育, （1）：84-87.

贺武华. 2010. "中国式"教育券：政策新生及其实践再推进——基于对长兴教育券的新近考察. 教育学术月刊，（11）：37-42，72.

亨利 M 莱文，邢志杰. 2003. 义务教育后的受教育权利：资助终身学习的教育券制度. 北京大学教育评论，（4）：54-61，89.

黄斌. 2005. 关于教育券的再认识——从新制度经济学角度的审视. 教育与经济，（4）：50-51，55.

黄济，顾明远. 1982. 教育学. 北京：人民教育出版社：99.

黄锡云. 2007. 6000 名外来人员子女领到免缴杂费教育券. 绍兴：绍兴年鉴：313.

贾琳琳，沈有禄. 2011. 我国中等职业教育券的使命、类型与设计. 教育与职业，（26）：5-9.

姜大源. 2009-03-03. 职业教育投入须"刚柔并举". 中国文化报，007.

教育部财务司，国家统计局社会科技和文化产业统计司. 2008. 中国教育经费统计年鉴 2007. 北京：中国统计出版社.

教育部财务司，国家统计局社会科技和文化产业统计司. 2009. 中国教育经费统计年鉴 2008. 北京：中国统计出版社.

教育部财务司，国家统计局社会科技和文化产业统计司. 2010. 中国教育经费统计年鉴 2009. 北京：中国统计出版社.

教育部财务司，国家统计局社会科技和文化产业统计司. 2011. 中国教育经费统计年鉴 2011. 北京：中国统计出版社：150-151.

教育部发展规划司. 2008. 中国教育统计年鉴 2007. 北京：人民教育出版社.

教育部发展规划司. 2009. 中国教育统计年鉴 2008. 北京：人民教育出版社.

教育部发展规划司. 2010. 中国教育统计年鉴 2009. 北京：人民教育出版社.

金子元久. 2004. 作为方法的"市场". 清华大学教育研究，（1）：4-10，34.

康永久，吴开华. 2003. 教育券：核心政策建议. 教育理论与实践，（10）：28-32.

柯武刚，史漫飞. 2000. 制度经济学：社会秩序与公共政策. 韩朝华译. 北京：商务印书馆：102.

来新安，张丽萍. 2003. 教育公平与教育券的实施. 辽宁教育研究，（8）：24-25.

雷世平. 2007. 试论构建我国农村职业教育投入新机制. 职教通讯，（2）：30-33.

李芙蓉. 2007. 我国中等职业教育经费投入和地区差异分析. 职业教育研究，（1）：4-6.

李海生. 2007. 教育券政策分析. 上海：华东师范大学博士学位论文：1.

李惠艳. 2007. 中等职业教育经费投入中的政府行为分析. 长春：东北师范大学硕士学位论文：8-9.

李娟. 2009. 中国中等职业教育发展中的政府职能分析. 沈阳：东北大学硕士学位论文：28-29.

李兰兰. 2007. 教育财政视角下的中等职业教育困境分析——来自河南省的调查. 继续教育研究，（3）：93-95.

李汝. 2007. 我国财政性中等职业教育投入的外溢效应研究. 教育与职业，（33）：13-15.

李彦燕. 2009. 浅析职业教育券在重庆农民工培训中的可行性. 四川职业技术学院学报，（4）：101-102.

厉以宁. 1984. 西方福利经济学述评. 北京：商务印书馆：257，261.

林炊利. 2011. 瑞典的教育券计划述评. 外国中小学教育，（7）：44-46，22.

林露. 2011. 2010 年学生资助经费增加 206 亿，增幅近 31%. http：//edu.china.com.cn/2011-08/09/content_23169326.htm[2015-08-09].

刘超. 2011. 统筹兼顾背景下的中等职业教育经费研究. 滁州职业技术学院学报，（3）：43-46.

刘复兴. 2003. 教育券制度的政治学分析——以浙江长兴县的教育券改革为例. 教育发展研究，

（9）：35-38.

刘刚. 2007. 论教育券在农村职业教育投资中的可行性. 北京农业职业学院学报，21（4）：58-62.

刘丽红. 2003. 浙江长兴教育券的实践、影响及思考. 国家教育行政学院学报，（5）：90-92.

刘晓春. 2006. "职业教育券"今秋试行. http：//www.wuhu.gov.cn/dt2111127422.htm[2006-06-18].

刘晓蔓. 2005. 对浙江长兴县"教育券"制度的调研报告. 教育发展研究，（12）：20-26.

刘亚荣. 2004. 对长兴"教育券"政策设计的几种社会期待的分析. 国家教育行政学院学报，
　　（1）：6，71-74.

刘正生. 2008. 评香港特别行政区学前教育的新拨款形式——教育券. 比较教育研究，（3）：80-85.

罗燕. 2005. 谈谈中等职业学校冲突管理问题. 职业教育研究，（12）：54.

马国贤. 2008. 职业教育全覆盖战略下的财政政策. 铜陵职业技术学院学报，7（2）：1-5.

马国湘. 2011. 保障中等职业教育经费合理投入. 教育与职业，（9）：6.

马树超，邱国华. 2003. 2000-2002年我国中等职业教育发展形势分析. 教育发展研究，（11）：6-10.

马扬. 2007a. 长春和延边以"教育券"制度创新职教资助形式. http：//education.news.cn/
　　2007-01/06/content_5570147.htm[2015-08-25].

马扬. 2007b. 长春：1.2万名职校贫困生持特有"教育券"入学. http：//jy.cbs.gov.cn/cmsweb/
　　webportal/W5271/A80838.html[2015-08-25].

毛寿林. 2007. 试论农村劳动力转移与家庭职业教育投入. 当代教育论坛（宏观教育研究），（1）：
　　121-122.

茅于轼. 2003. 教育券对教育资源配置的影响. 全球教育展望，（7）：17-19.

茅于轼. 2007. 印度：把教育拨款换成"教育券". 同舟共济，（12）：26-27.

闵维方. 2002. 高等教育运行机制研究. 北京：人民教育出版社：50.

牟建闽. 2004. 推出教师教育券. 杭州：浙江年鉴：346.

尼古拉斯·巴尔，大卫·怀恩斯. 2000. 福利经济学前沿问题. 贺晓波等译. 北京：中国税务出
　　版社：223.

牛征. 2002a. 我国职教资源配置的分析与国际比较. 职教论坛，（1）：25-28.

牛征. 2002b. 中国职业教育投资的问题与对策. 山东教育科研，（8）：8-12.

农业部. 2012. 阳光工程简介. http：//sannong.cntv.cn/program/kejiyuan/20120921/104873.shtml
　　[2015-08-20].

庞小燕. 2007. 从当前教育投资现状看教育券实施的意义. 扬州大学学报（高教研究版），（5）：19-21.

彭敏. 2010-03-31. 钢缆上的求学之路. 人民日报，21.

皮江红. 2005. 教育券与我国政府农村职业教育投入方式改革. 高等农业教育，（11）：77-80.

皮江红. 2008. 论教育券对职业教育适用的理论基础. 黑龙江高教研究，（9）：126-128.

钱小英，沈鸿敏，李东翔. 2003. 日本科技与教育发展. 北京：人民教育出版社：144.

邱小健，邓云洲. 2009. 中等职业教育财政政策的公平性思考. 中国职业技术教育，（18）：64-67.

邱小健. 2008. 江西省中等职业教育投入存在的问题及对策. 成人教育，（11）：30-31.

衢州新闻网. 2007. 江山民办"教育券"推出新举措. http：//edu.qz828.com/system/2007/03/24/
　　010004783.shtml[2011-10-18].

曲恒昌. 2003-02-24. "教育券"怎样，究竟怎样？中国教育报，4.

曲恒昌，程方平，周其红. 2003. 专家点评"教育券". 教育发展研究，（1）：66-67.

曲恒昌，许宝良，杨军. 2003. 制度创新："教育券"给农村职业教育注入新的活力. 职教论坛，

（5）：26-31.

阙海宝，李曦，顾美玲. 2005. 教育券：高等教育拨款机制的创新. 比较教育研究，26（5）：80-83.

江南. 2004. 浙江"教育券"制度 1 亿元扶助 24 万名困难学生. http：//finance.sina.com.cn/g/ 20040831/1914989791.shtml[2015-08-25].

尚洁. 2007. 教育券计划：更多的选择，更少的成果. 上海：上海外国语大学硕士学位论文：1.

沈百福. 2003. 区域层次与中小学生均经费地区差异. 上海教育科研，（12）：4-8.

沈有禄. 2004. 教育券制度评析. 教育与经济，（1）：17-19.

沈有禄. 2005. 再议高等教育公益性与营利性的效用属性图解——对高等教育公益性与营利性 的二维模型建构. 大学教育科学，（6）：77-79.

沈有禄. 2010. 我国各地实行中等职业教育券实践述评. 教育与职业，（11）：10-13.

沈有禄. 2011. 我国中等职业教育券的设计、操作流程与配套措施. 职教论坛，（34）：83-86.

沈有禄. 2012. 中等职业学校地区经费配置差异分析. 职教通讯，（13）：25-36.

沈有禄，潘雪洁. 2006. 美国最大私人教育券——儿童奖学基金教育券述评. 外国中小学教育， （8）：9-14.

沈有禄，谯欣怡. 2004. 教育券计划及其对中国教育改革的借鉴作用. 现代大学教育，（4）：75-79.

沈有禄，谯欣怡. 2006a. 关于教育券合乎宪法性的研究. 上海教育科研，（10）：8-10.

沈有禄，谯欣怡. 2006b. 教育券的重要价值取向：教育公平. 外国教育研究，（2）：33-37.

沈有禄，谯欣怡. 2009a. 教育券：中等职业教育拨款新机制. 教育与职业，（30）：12-15.

沈有禄，谯欣怡. 2009b. 试论实行中等职业教育券的可行性. 教育与职业，（35）：5-8.

盛冰. 2003. 高等教育的治理：重构政府、高校、社会之间的关系. 高等教育研究，（2）：47-51.

石丽敏. 2006. 国外校企合作办学模式的分析与研究. 高等农业教育，（12）：81-84.

史国栋，沈永祥. 2009. 中等职业教育论. 北京：外语教学与研究出版社：10.

史晓龙. 2006-03-15a. "教育券"：一种值得尝试的教育改革. 中国税务报，008.

史晓龙. 2006-03-15b. 财政应加大对中等职业教育投入. 中国税务报，008.

四川省教育厅. 2009. 成都市中等职业教育券惠及近九万名中职学生. http：//www.sc.gov.cn/ zwgk/zwdt/szdt/200911/t20091109_846395.shtml[2015-07-30].

宋映泉. 2009. 关于中等职业教育发展状况的田野调查报告. http：//ciefr.pku.edu.cn/publishsinfo_ 1613.html[2009-09-10].

孙树来. 2009. 中等职业技术教育经费投入的现状及对策. 中国商界，（2）：294-295.

谭霁，李益众. 2007-01-27. 构建留守儿童监护网，加大职业教育投入，建立教师流失补偿制 度——四川政协委员关注农村教育三大难题. 中国教育报，001.

汤大莎. 2007. 职业教育政府投资问题初探. 文史博览，（11）：51-54.

唐晓青. 2012. 职业教育发展需要企业更积极参与. 教育与职业，（22）：5.

万光侠. 2000. 效率与公平——法律价值的人学分析. 北京：人民出版社：137-149.

王经绫，贾政翔. 2012. 中等职业教育经费保障问题研究. 中国财政，（9）：65-67.

王善安，杨晓萍. 2008. 关于在我国农村引入学前教育券的思考. 天津市教科院学报，（3）：40-42.

王善迈. 1996. 教育投入与产出研究. 石家庄：河北教育出版社：282.

王善迈. 2005. 中国高等教育经费在学校内部的分配. 教育与经济，（3）：1-3.

王圣志. 2007. 安徽一些职校，在黑板上"开机器"——职业教育投入少，职业学校师资和教学 设备都很匮乏. 新华每日电讯，004.

王曦，李媛. 2009. 对提高教育信息化投资效率的思考——基于米尔顿·弗里德曼"教育券"思想. 现代教育技术，（8）：13-15.

王雄，王忠贤. 2008. 农村中等职业教育投资存在的问题及发展途径. 华中农业大学学报（社会科学版），（6）：58-62.

王一喜，严桦. 2005. 关于我国实施教育券制度的几点思考. 江西师范大学学报（哲学社会科学版），（1）：98-101.

王莹，景枫. 2001. 经济学家的道德追问——亚当·斯密伦理思想研究. 北京：人民出版社：25，182，222.

王兆刚. 2010. 中等职业教育投入与经济增长关系分析. 武汉职业技术学院学报，（3）：25-27，74.

王震，王新. 2008. 财政方向——关于我国职业教育财政政策及其改革问题的报告. 职业技术教育，（15）：26-33.

温州新闻网. 2011. 瑞安发放"教育券"能否拯救中等职业教育. http://news.sina.com.cn/c/edu/2006-04-25/11048786431s.shtml[2011-10-18].

文新华，鲁莉，张洪华，等. 2003. 关于"教育券"的分析. 教育发展研究，23（1）：60-65.

翁文艳. 2001. 教育公平的多元分析. 教育发展研究，（3）：62-64.

吴华. 2003a. 长兴"教育券"与美国"教育券"的比较与思考. 民主，（8）：26-27.

吴华. 2003b. 转变公共教育资源配置路径的意义——"教育券"的政策价值分析. 全球教育展望，（7）：14-17.

吴华，薛兆丰，艾萨克. 2005. 中国"教育券"实践的现状、问题与前景. 教育发展研究，（12）：15-19.

吴穗. 2004. WTO 呼唤新的中等职业教育投资体制. 职业教育研究，（10）：5-7.

吴晓莉，黄芳. 2004. 教育券计划应该缓行. 江苏高教，（1）：28-30.

奚琳，王顺洪，李敏. 2007. 我国农民工子女义务教育问题——基于教育券的分析. 湖南农机，（5）：63-65.

夏文斌. 2000. 走向正义之路. 哈尔滨：黑龙江教育出版社：181-182.

夏焰，林群. 2005. 推行教育券制度保障流动学童接受义务教育. 湖北社会科学，（3）：152-154.

夏焰，林群. 2007. 美国科罗拉多州的高等教育券计划及启示. 现代大学教育，（1）：83-87.

夏焰，沈有禄. 2011. 美国教育券的形式、内容、特点、经验及其启示. 教育与职业，（12）：21-24.

夏焰，沈有禄. 2012. 中国教育券的形式、内容、特点、经验及其启示. 教育与职业，（3）：23-25.

向小辉. 2003. 论教育券制度与我国中职发展. 教育与职业，（15）：18-19.

小林良彰. 1989. 公共选择. 杨永超译. 北京：经济日报出版社：39.

熊惠平. 2004. 采取教育券措施促进职业教育发展. 职教通讯，（11）：14-16.

熊全龙. 2003. 中国教育券制度的实践与探索. 北京：中国教育出版社：31，36，46，51.

休·史卓顿，莱昂内尔·奥查德. 2000. 公共物品、公共企业和公共选择——对政府功能的批判与反批判的理论纷争. 费朝晖等译. 北京：经济科学出版社：11.

徐美贞. 2004. 教育券制度对我国基础教育改革的启示. 现代教育论丛，（5）：60-64.

许丽平. 2008. 我国中等职业教育实施成本分担的依据、现状及对策. 职教通讯，23（3）：19-23.

薛涌. 2009-02-24. 发"消费券"不如发"教育券". 民营经济报，2.

颜丙峰. 2004. 理性审视：关于在中国推行教育券的几点质疑. 教育发展研究，（6）：19-21.

杨广俊. 2011. 基于 DEA 的中等职业教育投入与产出相对有效性评价. 职业技术教育，32（25）：60-63.

杨景平. 2004. 西部地区中等职业教育投资主体多元化模式研究. 天津：天津大学硕士学位论

文：26-32.

杨丽莉. 2007-05-11. 温岭首发职业教育券 5405 名学生受益. 台州商报.

杨苗. 2006. 集纳：教育券在全国各地的传播. 教育，（2）：22-24.

叶辉，邓威. 2006. 教育投资体制的一次革命——浙江教育券追踪. 教育，（2）：20-22.

于小淋. 2012. 广西中等职业教育资助问题研究. 南宁：广西大学硕士学位论文：3.

于小淋，沈有禄. 2010. 我国中等职业教育投入机制的现状与问题. 教育与职业，（35）：5-8.

于小淋，沈有禄. 2011. 浙江长兴中等职业教育券实践及其评价. 职教论坛，（15）：46-49.

俞云峰. 2008. 弗里德曼教育券思想评析. 中共桂林市委党校学报，（1）：60-63.

约翰·罗尔斯. 1988. 正义论. 何怀宏等译. 北京：中国社会科学出版社：67-72.

约翰·希恩. 1981. 教育经济学. 郑伊雍译. 北京：教育科学出版社：138.

约瑟夫 E 斯蒂利茨. 2005. 公共部门经济学. 郭庆旺等译. 北京：中国人民大学出版社：16.

曾晓洁. 1998a. 美国的"择校制度"与基础教育改革. 比较教育研究，（1）：47-51.

曾晓洁. 1998b. 米尔顿·弗里德曼"教育凭证"思想浅析. 比较教育研究，（3）：31-33.

曾晓洁，李明霞. 1999. 九十年代美国基础教育的"私校公助". 比较教育研究，（5）：23-27.

詹姆斯 M 布坎南. 1988. 自由、市场与国家——80 年代的政治经济学. 平新乔等译. 上海：上海
　　三联书店：231.

张军. 1994. 现代产权经济学. 上海：上海三联书店，上海人民出版社：115.

张书琛. 2002. 社会主义市场经济中的社会公正问题. 广州：广东人民出版社：121-161.

张万朋. 2008. 我国中等职业教育成本分担研究——基于现状、问题、原因的分析. 教育与经济，
　　（4）：35-39.

张璇. 2003. 高等教育"教育券"拨款机制探讨. 江苏高教，（6）：106-108.

张玉华. 2007-12-10. 加大农村职业教育投入力度，提高农民的整体素质. 哈尔滨日报，011.

张云华，江文涛，张丽，等. 2005. 我国中等职业教育发展现状与对策. 职业技术教育，（34）：10-13.

赵福中，徐梅. 2006-01-05. 贵阳"职业教育券"破冰而出. 工人日报.

赵宏斌. 2003. 教育券：基础教育财政资源配置的制度性创新. 教育与经济，（2）：35-38.

赵静，沈有禄. 2011. 我国中等职业教育投入机制存在问题的原因与对策分析. 中国职业技术教
　　育，（5）：22-26.

赵晓兰，汤海明. 2008. 教育券的功能拓展——在成人教育领域的应用. 中国校外教育（理论），
　　（10）：20.

赵艳立. 2008. 职业教育投入来源结构不均衡研究. 邢台职业技术学院学报，（6）：19-22.

浙江培训网. 2009. 杭州首创"教师教育券"教师培训走向市场. http://www.bosshr.com/
　　shownews_132.html[2015-09-20].

浙江省财政厅办公室课题组，周瀛. 2008. 从长兴教育券制度看财政教育经费使用效率. 财政研
　　究，（1）：9-11.

中国教育和科研计算机网. 2004. "先锋教育券"计划正式在杭州发布. http://www.edu.cn/
　　20040517/3105835.shtml[2015-05-17].

中华人民共和国教育部. 2009. 教育部关于制定中等职业学校教学计划的原则意见（职成处
　　〔2009〕2 号）. http://www.gov.cn/gongbao/content/2009/content_1371355.htm[2009-01-06].

周大平. 2010. 博弈空间不小，《教育规划纲要》亮点与难度并存. 云南教育（视界综合版），（5）：39-40.

周飞，熊全龙. 2002-10-20. 教育券，能否洋为"中用"？中国教育报，004.

周玲. 1999. "择校就学"与教育资源配置. 教育理论与实践，（5）：23-26.

周琴. 2007. 智利教育券政策述评. 比较教育研究，（4）：39-43.

周炜，沈蒙和. 2009-05-08. 杭州发放1.2亿教育券，外校生也可到浙大免费培训. 钱江晚报.

祝怀新，应起翔. 2003. 哥伦比亚教育券政策述评. 比较教育研究，24（6）：76-81.

邹融冰. 2005. 加大政府中等职业教育投资的经济学分析. 济南：山东大学硕士学位论文：30-34.

Americans United. 2005. Americans united for the separation of church and state. http：//www.au.org/site/PageServer?pagename=issues_vouchers[2015-08-24].

Anonymous. 2003a. Colorado poised to launch statewide voucher program. Board & Administrator，17（3）：7.

Anonymous. 2003b. Study finds no clear gains from Cleveland vouchers. Education USA，45（5）：2.

Anonymous. 2004. Evaluation：mixed results for Cleveland vouchers. Board& Administrator，17（12）：7.

Anti-Defamation League. 2002. Separation of church and state：afirst amendment primer. http：//www.adl.org/issue_religious_freedom/separation_cs_primer.asp[2015-04-09].

Barbara C N. 2003. School voucher supporters go after `Blaine Amendments'. http：//pewforum.org/news/display.php?NewsID=1976[2015-08-24].

Belfield C，Levin H M. 2004. Vouchers and public policy：when ideology trumps evidence. American Journal of Education，111（4）：548-567.

Ben J，Jos K. 2000. Vouchers for higher education? A survey of the literature Commissioned by the Hong Kong University Grants Committee. http：//www.ugc.edu.hk/english/documents/reports/Voucher_report.html#2.1[2015-08-30].

Chakrabarti R. 2008. Can increasing private school participation and monetary loss in a voucher program affect public school performance? Evidence from Milwaukee. Journal of Public Economics，92（5-6）：1371-1393.

Caroline M H. 2001. Rising tide：new evidence on competition and the public schools. Education Next，4：68-74.

Davis M R. 2005. Senate OKs Hurricane-Aid plan for schools. Education Week，25（11）：27-28.

EconEdlink. 2003. The Controversial School Voucher Issue. http：//www.econedlink.org/lessons/index.cfm?lesson=EM185[2015-06-30].

Freedom forum. 2002. Supreme Court's voucher ruling dramatic，not surprising. http：//www.freedomforum.org/templates/document.asp?documentID=16487[2015-08-30].

Friedman Foundation for Educational Choice. 2010. The ABCs of school choice，2009-2010 Edition. http：//www.edchoice.org/CMSModules/EdChoice/FileLibrary/394/ABCs_2008-9.pdf[2015-04-06].

Friedman M. 1962. The interpolation of time series by related series. Journal of the American Statistical Association，57（300）：729-757.

Friedman M，Friedman R D. 1963.Capitalism and freedom. Chicago：The University of Chicago Press.

Friel B. 2005. A surprising turn on school vouchers. National Journal，37（47/48）：3633.

Gibelman M，Lens V. 2002. Entering the debate about school vouchers：a social work perspective. Children & Schools，24（4）：207-221.

Gillespie N. 2005. The father of modern school reform. Reason，37（7）：44-47.

Greene J P. 2002. Why vouchers are constitutional? City Journal. http：//www.city-journal.org/html/eon_3_14_02jg.html[2015-08-25].

Hayward S. 1999. The "neighborhood effect" of school choice. Policy Review，（93）：47.

Hendrie C. 2001. Rising tide：new evidence on competition and the public schools. Education Next，4：68-74.

Hendrie C. 2004a. Federal plan for vouchers clears senate. Education Week，23（20）：1-2.

Hendrie C. 2004b. Friedman's foundation rates voucher plans. Education Week，23（27）：5.

Hess F M. 2003. Public schools and the public interest. School Administrator，60（8）：28.

Houston P D. 1993. School vouchers：the latest California joke. Phi Delta Kappa，75（1）：61-64.

Jamie P. 2003. School choice and the voucher movement. http：//www.naspaa.org/initiatives/paa/pdf/jamie_privuznak.pdf[2015-04-05].

Jongbloed B，Koelman J. 2000. Vouchers for higher education? Enschede：University Twente：1-39.

Lewin N. 1999. Are vouchers constitutional? Policy Review，27（93）：5-8.

Luengo-Prado M J，Volij O. 2003. Public education，communities，and vouchers. Quarterly Review of Economics & Finance，43（2）：51-73.

Martin C. 1997. Is privatization through education vouchers really the answer? A comment on West. The World Bank Research Observer，12（1）：105-116.

Matt M，Lauren M. 2002. School choice after Cleveland. Brief Analysis，405. http：//www.ncpa.org/pub/ba/ba405/[2015-08-30].

Michael A，Gerald B. 2001. An education policy project briefing paper：school vouchers. Center for Education Research，Analysis，and Innovation，School of Education，University of Wisconsin-Milwaukee. http：//www.asu.edu/educ/epsl/EPRU/documents/cerai-00-31.htm[2015-08-24].

Milwaukee Parental Choice Program. 2003. Frequently Asked Questions-2003-04 School Year. http：//www.dpi.state.wi.us[2015-07-30].

National education association. 2005. Vouchers. http：//www.nea.org/vouchers/index.html[2015-08-30].

Owens E C. 2002. Taking the "public" out of our schools：The political，constitutional and civic implications of private school vouchers. Journal of Church and State，44（4）：717-747.

Peterson P E，Campbell D E，West M R. 2002. Who Chooses? Who Uses? Participation in a National School Voucher Program//Hill P T E. Choice with Equity：An Assessment by the Koret Task Force on K-12 Education. Stanfard：Hoover Institution：51-84.

Polling report. 2005. Paying for Private Schools. http：//www.pollingreport.com/educatio.htm[2015-08-25].

Religious Tolerance. 2003. Government-funded vouchers for private schools. http：//www.religioustolerance.org/sch_vou.htm[2015-08-24].

Richard A. 2003. Fla. vouchers move toward tighter rules. Education Week，23（3）：1.

Salisbury D F. 2003. Funding school choice programs. Usa Today Magazine，132（2702）：24.

Shen Y L. 2005. School Voucher Program and Its Enlightenments to the EducationReform in China. US-China Education Review，2（1）：40-50.

William J C. 1999. CSF：40000 children receive school-choice scholarships. Education Daily，32（76）：6.